눈물이 나는 게 좋은 일이라고요?

　지구의 모든 생물 가운데 슬프거나 기쁘다는 감정적인 이유로 눈물을 흘리는 생물은 사람뿐이라고 합니다. 우리는 왜 감정에 북받쳐 우는 걸까요? 단 한 가지 분명한 건, 눈물을 흘리고 나면 속이 후련해진다는 것입니다. 그러면 왜 이런 느낌이 드는 걸까요? 최근 뇌 연구가 진행되고 있지만, 우리가 눈물을 흘리는 이유, 그리고 우리가 눈물을 흘리면 심리적으로 안정되는 이유에 대한 과학적 근거가 명확히 밝혀지지 않았습니다.

　다만 일본 도호 대학의 아리타 교수를 비롯한 현대의 여러 정신과 전문의들은 '눈물을 흘리는 일은 사람의 스트레스를 줄여 주는 생존에 도움이 되는 기능이며, 사람이 오랜 진화 과정을 거쳐 터득한 결과'로 보고 있습니다. 그러니 마음이 북받칠 때는 마음껏 울어 보는 것도 좋겠지요?

　이 책에는 눈물샘을 자극하는 여러 생물의 이야기가 담겨 있습니다. 열심히 살아가는 생물의 감동적인 사연부터, 의외로 쉽게 죽는 생물들의 안타까운 사연을 살펴보아요. 평화로운 겉모습과 달리 의외로 거칠게 살아가는 생물, 멸종된 탓에 인간에게 오해를 받았던 생물도 놓치지 마세요.
이 밖의 특별 코너도 슬프고 감동적인 이야기를 이어 나갑니다. 이제 생물들의 이야기를 통해 실컷 눈물을 흘려 봅시다!

이마이즈미 다다아키
《이유가 있어서 멸종했습니다》 감수, 동물학자

차례

◆ 머리말 · 2

눈물 나는 일상

- ◆ 야생동물은 하루하루 사는 게 힘듭니다 · 10
- **홍학** 새인데도 25미터 도움닫기를 해야만 날 수 있습니다 · 12
- **그린란드상어** 어른이 되기까지 150년이나 걸립니다 · 13
- **사이가산양** 함께 있던 균 때문에 죽었습니다 · 14
- **남방큰돌고래** 통째로 삼켰더니 숨을 쉴 수가 없었습니다 · 15
- **일본원숭이** 다 자란 수컷은 온천에 들어가지 않습니다 · 16
- **아이슬란드조개** 세계 최장수였는데 냉동되었습니다 · 18
- **곰개미** 사무라이 개미에게 평생 혹사당합니다 · 19
- **회색머리지빠귀** 똥을 뿌리며 싸웁니다 · 20
- **땅돼지** 분류되고 나니 혼자였습니다 · 21
- **대왕판다** 쌍둥이가 태어나도 하나만 기릅니다 · 22
- **멧밭쥐** 먹이가 없어지면, 어미가 사라집니다 · 24
- **갈색과부거미** 목숨 걸고 나이 든 암컷에게 구애합니다 · 25
- **돼지코개구리** 계속 땅속에서만 삽니다 · 26
- **정어리** 무리를 위해서 희생됩니다 · 27
- **점박이물범** 생후 2주 만에 어미가 사라집니다 · 28
- **완보동물** 의외로 쉽게 죽습니다 · 30
- **키로넥스 플레커리** 붉은바다거북에게는 독이 듣지 않습니다 · 31

흰개미 나이가 들면 위험한 일을 하게 됩니다 · 32
주꾸미 목숨을 건 육아가 끝나면 죽습니다 · 33
아이아이원숭이 무서운 외모 때문에 고생했습니다 · 34
물자라 알 때문에 도망치기 힘듭니다 · 36
솜새 나무에 부딪혀야 착지할 수 있습니다 · 37
감동 실화 ① 소녀를 구한 늙은 개 · 38
감동 실화 ② '안내묘' 고양이 · 42
감동 실화 ③ 무덤을 지킨 개 · 46
◆ 너무 헷갈려서 눈물 나는 이름 · 50

② 눈물 나는 몸

◆ 야생동물의 비장의 무기를 소개합니다 · 52
벌새 낮에는 격렬하게 움직이고, 밤에는 잠잠합니다 · 54
참거두고래 숨구멍에 생선이 끼어 죽고 말았습니다 · 55
통안어 머릿속이 훤히 들여다보입니다 · 56
플라나리아 스스로 소화되어 버립니다 · 58
가재 모래알이 없으면 비틀비틀합니다 · 59
말코손바닥사슴 뿔이 얽혀 애를 먹습니다 · 60
오징어 몸이 반대로 그려지기 십상입니다 · 62
사람 얼굴에 200만 마리의 진드기가 살고 있습니다 · 63

사각해삼 몸을 만지면 녹습니다 · 64
도마뱀 꼬리가 끊어지면 약해집니다 · 65
흡혈박쥐 피를 나누지 않으면 외면받습니다 · 66
메리리버거북 항문으로 호흡합니다 · 68
뱀장어 구우면 독이 사라집니다 · 69
턱끈펭귄 똥이 기세 좋게 날아갑니다 · 70
폐어 물고기인데 익사합니다 · 72
오리너구리 모조품으로 오해받았습니다 · 73
비단뱀 그다지 쓸모없는 다리가 달렸습니다 · 74
염소 수컷인데 젖이 나왔습니다 · 75
감동 실화 아픔을 견딘 피고 · 76
감동 실화 ❺ 은혜 갚은 고양이 · 80
감동 실화 ❻ 상자에 든 아기 · 84
◆ 착각이 불러온 눈물 나는 이름 · 88

❸ 눈물 나는 공룡·고생물

◆ 공룡 및 고생물의 수수께끼를 밝힙니다 · 90
오비랍토르 알 도둑이라는 뜻의 이름이 붙었습니다 · 92
디플로도쿠스 목을 높이 들지 못합니다 · 94
데이노테리움 아래턱에 의문의 엄니가 있습니다 · 95

트리케라톱스 인기를 위해 장식이 커졌습니다 · 96
후타바사우루스 인정받기까지 38년이나 걸렸습니다 · 98
오파비니아 복원된 모습에 사람들이 폭소했습니다 · 99
티라노사우루스 가냘픈 목소리밖에 나오지 않습니다 · 100
글립토돈 등딱지 탓에 멸종했습니다 · 102
디아트리마 알을 쉽게 도둑맞았습니다 · 103
프테라노돈 바람이 세게 불면 잘 날지 못합니다 · 104
메갈로사우루스 거인으로 오해받았습니다 · 106
이구아노돈 뿔 화석이 아니라 엄지발가락입니다 · 107
감동 실화 ❼ 문병 온 개 · 108
감동 실화 ❽ 뱀에 맞선 고양이 · 112
감동 실화 ❾ 죽을 뻔한 개의 도전 · 114
◆ 너무 길어서 눈물 나는 이름 · 118

 눈물 나는 식물

◆ 식물의 삶도 힘듭니다 · 120
파리지옥 잎을 여러 번 움직이면 시듭니다 · 122
뱅크시아 산불에 굴하지 않습니다 · 124
겨우살이 똥 범벅이 되어야 살 수 있습니다 · 125
라플레시아 똥 냄새가 납니다 · 126

은방울꽃 맹독을 숨기고 있습니다 · 128
금어초 시들면 해골 모양이 됩니다 · 129
감동 실화 ⑩ 14년 만의 재회 · 130
감동 실화 ⑪ 마지막 작별 · 134
◆ 너무 이상해서 눈물 나는 이름 · 138

5 눈물 나는 모험 기록

◆ 동물을 연구한 사람들, 동물학자를 살펴봅시다 · 140
◆ 제인 구달 · 142
◆ 다이안 포시 · 146
◆ 에즈먼드 브래들리 마틴 · 148
◆ 앨프리드 러셀 월리스 · 152
◆ 칼 패터슨 슈미트 · 156
◆ 기디언 멘텔 · 158
◆ 콘라트 차하리아스 로렌츠 · 160
◆ 한스 숀부르크 · 164

미래를 위해 생각해요 ❶ · 168
미래를 위해 생각해요 ❷ · 170
색인 · 172

눈물 나는 일상

서투르지만 꿋꿋하게 험한 세상을 살아가는

생물들을 소개합니다!

> 이마이즈미 다다아키 선생님의 말

야생동물은 하루하루 사는 게 힘듭니다

　야생동물은 늘 먹이를 찾아야 합니다. 이리저리 돌아다니며 먹을 수 있는 것이라면 닥치는 대로 전부 먹고 봐야 하지요.
　더운 날이나 추운 날처럼 활동하기 어려울 때 한동안 숨어서 지내는 동물도, 더 이상 견딜 수 없이 배가 고파지면 결국 먹이를 찾아 나섭니다.
　어떤 동물은 너무 배가 고픈 상황이 되면 원래 평소에는 잘 먹지 않던 썩은 고기나 나무 껍질 등을 먹는 경우도 있습니다.
　한편, 어떤 동물은 강력한 천적을 마주쳐 싸우거나 달아나기라도 한 날이면, 이미 힘을 다 써 버려서 지친 채 아무것도 먹지 못하기도 하지요.

　이처럼 야생동물은 먹이를 찾는 일에도 열중하지만, 먹이를 보관해 두는 일에도 진심을 다합니다.

맛있는 먹이를 발견하면 단숨에 배가 터지도록 먹고, 남은 먹이는 흙을 덮는 방법 등으로 감춰 두었다가 다음에 찾아 먹곤 하지요.

기억력이 좋은 동물들은 먹이가 부족할 때를 대비해 미리 먹이를 숨겨 둔 장소에 다시 찾아갑니다. 그러고는 숨겨 둔 먹이가 아직 남아 있는지 확인하지요.

야생동물의 일상은 이렇게 고되고 번거로운데, 정작 야생동물들은 이런 삶을 그닥 불안하거나 괴롭게 생각하지 않는 듯 보입니다. 사람처럼 머나먼 훗날을 예측하고 두려워하는 능력이 없기 때문인 걸까요?

야생동물은 그저 생태계의 일원으로서 하루하루를 있는 그대로 살아갑니다. 야생이란 단지 '자연에 적합한 개체가 살아남는' 혹독한 세계일 뿐이니까요. 어떤 어려움도 담담히 겪는 야생동물의 삶을 들여다봅시다.

눈물 레벨

홍학

- **이름** : 유럽 홍학
- **분류** : 조강 홍학목
- **분포** : 유럽 남부, 아프리카, 아시아 북서부
- **크기** : 키 145cm

새인데도 25미터 도움닫기를 해야만 날 수 있습니다

날지 못하는 것보다는 낫잖아.

동물원에서 홍학 우리를 보면 주위에 그물이나 울타리는 있지만, 천장은 없습니다. 그런데 홍학은 우리를 탈출하지 못합니다. 왜 그런 것일까요? 홍학이 타조처럼 하늘을 날지 못하는 새인 걸까요?

아닙니다, 홍학은 하늘을 날 수 있습니다. 단, 25미터(m) 이상을 달린 뒤에 날아오를 수 있어요. 즉, 날려면 '도움닫기'가 필요한 것이지요. 하지만 홍학 우리의 대부분은 폭이 25m보다 좁기 때문에, 그 안에서 홍학이 도움닫기를 하기 어렵습니다. 게다가 어떤 동물원에서는 홍학이 날아 탈출하는 것을 막기 위해 홍학의 날개 일부를 자르는 일도 있다고 해요.

그린란드상어

눈물 레벨 💧💧💧

- 이름: 그린란드상어
- 분류: 어강 돔발상어목
- 분포: 북대서양 수심 10~2000m
- 크기: 길이 2~7m

어른이 되기까지 150년이나 걸립니다

(말풍선) 아직 팔팔한 100세라고요 ♪

북극해의 깊은 바닷속에는 그린란드상어라는 매우 오래 사는 상어가 있습니다. 평균 수명은 270년이고, 최대 400년을 사는 경우도 있습니다. 하지만 그린란드상어는 성장이 몹시 느립니다. 다 큰 그린란드상어의 전체 몸길이는 5m가 넘지만, 어린 그린란드상어는 1년에 고작 몇 센티미터(cm) 정도씩 자라납니다. 다 자랄 때까지 150년이나 걸리지요!

게다가 헤엄치는 속도도 느립니다. 시속 1킬로미터(km) 정도에 그치지요. 그래서 그린란드상어는 '세계에서 가장 느린 물고기'라고 불린답니다. (속도가 더 느린 물고기도 있지만, 몸집에 비하면 그린란드상어가 가장 느려요!)

 눈물 레벨	# 사이가산양	◆ 이름 : 사이가산양 ◆ 분류 : 포유강 소목 ◆ 분포 : 중앙아시아 ◆ 크기 : 길이 108~146cm

함께 있던 균 때문에 죽었습니다

"사이좋게 지내자…."

사이가산양은 큰 코가 특징입니다. 축 늘어진 코끝에 콧구멍이 달렸지요. 이 콧구멍으로 한랭지의 차가운 공기를 들이마셔 따듯이 데우고 콧속을 촉촉하게 유지합니다. 그런데 2015년에, 사이가산양 개체 수의 절반이 넘는 20만 마리가 죽는 일이 일어났어요.

그해 사이가산양이 살던 지역은 이상 기온 현상으로 평소보다 고온다습해졌습니다. 그러면서 사이가산양의 몸속에 원래 있던 파스퇴렐라균이 갑자기 크게 늘어 병을 일으켰고, 수많은 사이가산양이 죽게 되었습니다. 사이가산양의 목숨을 앗아간 원인은 바로 기후변화였던 것이지요.

눈물 레벨

남방큰돌고래

- 이름 : 남방큰돌고래
- 분류 : 포유강 고래목
- 분포 : 인도양 등 온난한 바다 연안
- 크기 : 전체 길이 2~3m

통째로 삼켰더니 숨을 쉴 수가 없었습니다

돌고래에게 문어는 영양이 풍부한 먹이입니다. 한편으로는 먹기가 참 까다로운 먹이지요. 문어 다리의 빨판이 워낙 강력해 돌고래의 몸 여기저기에 잘 붙기 때문이에요. 그래서 보통 돌고래는 문어를 공중에 던지기도 하고 입에 물고 휘두르기도 하며 제압한 다음 잡아먹습니다.

그런데 어느 남방큰돌고래가 이런 수고를 거치지 않고 바로 문어를 삼킨 일이 있었습니다. 그 결과, 문어 다리에 숨구멍이 막힌 남방큰돌고래는 숨을 쉬지 못해 죽고 말았지요. 몹시 배가 고파서 그랬겠지만, 먼저 할 일은 반드시 하고 다음 단계로 넘어가야 해요!

일본원숭이

- 이름 : 일본원숭이
- 분류 : 포유강 원숭이목
- 분포 : 일본 혼슈, 시코쿠, 규슈
- 크기 : 길이 47~61cm

다 자란 수컷은 온천에 들어가지 않습니다

일본원숭이가 눈 덮인 겨울 풍경 속에서 온천에 몸을 담그는 모습을 본 적이 있나요? 그런데 모든 일본원숭이가 온천에 들어가는 것은 아니에요. 온천에 들어가는 일본원숭이는 일본 나가노 현에 있는 지고쿠다니 야생 원숭이 공원의 원숭이들뿐이라고 합니다.

약 50년 전, 어떤 사람이 이 온천물에 사과를 던지자 이를 본 원숭이들이 온천에 들어가기 시작했다고 해요. 하지만 이곳의 수컷 원숭이는 온천에 들어가지 않습니다. 호기심이 강한 새끼 원숭이와는 달리, 수컷 원숭이는 평소와

다른 행동을 잘 하려고 하지 않기 때문이지요. 어릴 때는 온천에 들어가던 수컷도 다 자라면 마찬가지로 온천에 들어가지 않게 됩니다.

　참고로 암컷 원숭이는 온천에 들어갑니다. 최근에는 이곳 원숭이들이 따뜻한 온천에 몸을 담그는 행동을 통해 추위로 인한 스트레스를 푼다는 연구 결과도 나왔습니다. 수컷도 모쪼록 새로운 것을 받아들여, 온천에서 푹 쉬면 좋을 텐데 말이지요.

| 눈물 레벨 | 아이슬란드조개 | ◆ 이름 : 아이슬란드조개
◆ 분류 : 이패매강 백합목
◆ 분포 : 북대서양 연안
◆ 크기 : 껍데기 길이 5cm |

세계 최장수였는데
냉동되었습니다

저, 더 살 수 있었습니다….

아이슬란드 바다에 사는 '아이슬란드조개'는 수명이 긴 어패류로 널리 알려져 있습니다. 한 연구진이 과거 1000년 동안 기후가 어떻게 변했는지 알아내기 위해, 약 200개의 아이슬란드조개를 채집하여 냉동한 뒤 연구실로 가져왔습니다.

그런데 그중 한 조개의 나이가 무려 507살이라는 사실이 밝혀졌어요! 지금까지 알려진 모든 동물 중에서 최장수 기록이었지요. 하지만 그 사실을 알았을 때는, 이미 해당 조개가 냉동되어 죽은 뒤였습니다. 연구 목적으로 채집되지 않았다면 더 오래 살았을 텐데 말이에요.

눈물 레벨	# 곰개미	◆ 이름: 곰개미 ◆ 분류: 곤충강 벌목 개미과 ◆ 분포: 일본 홋카이도, 규슈 ◆ 크기: 길이 5~6mm

사무라이 개미에게 평생 혹사 당합니다

오늘도 바쁘다, 바빠!

곰개미는 사무라이 개미에게 '노예 사냥'을 당합니다. 사무라이 개미는 땅속 곰개미 집에 침입해 성충 곰개미들을 죽이고, 유충이나 고치는 사무라이 개미집으로 데려와 노예로 기릅니다.

노예로 길러진 곰개미는 먹이를 구해 오거나, 여왕개미의 시중을 들거나, 굴을 청소하는 등, 오직 사무라이 개미를 위해서 일을 하게 됩니다. 노예로 잡혀 온 다른 곰개미 유충을 기르는 일도 하지요. 노예 곰개미는 사무라이 개미가 자신과 다른 종류라는 걸 알아채지 못하고 그렇게 평생을 살다 죽게 됩니다.

| 눈물 레벨 | 회색머리지빠귀 | ◆ 이름 : 회색머리지빠귀
◆ 분류 : 조강 참새목 개똥지빠귀과
◆ 분포 : 유라시아 대륙 중서부
◆ 크기 : 길이 25cm |

똥을 뿌리며 싸웁니다

회색머리지빠귀는 둥지에 품은 알이나 새끼를 까마귀 등의 적으로부터 지키기 위해 독특한 무기를 사용합니다. 그건 바로 똥이에요!

만약 까마귀가 둥지에 다가오면, 회색머리지빠귀는 동료와 함께 까마귀를 향해 많은 양의 똥을 뿌려 댑니다. 까마귀는 날개가 젖으면 날 수 없기 때문에, 황급히 똥을 피해 달아나야 하지요.

단, 날개가 없는 족제비 같은 동물에게는 회색머리지빠귀의 똥 공격이 통하지 않습니다. 그래서 이런 침입자를 쫓을 때는 주의를 다른 데로 돌리려고 시도한답니다.

눈물 레벨	땅돼지	◆ 이름 : 땅돼지 ◆ 분류 : 포유강 땅돼지목 ◆ 분포 : 아프리카(사하라보다 남쪽) ◆ 크기 : 길이 100~158cm

분류되고 나니 혼자였습니다

코 끝이 돼지의 코와 같고, 땅을 파는 동물. 이 동물은 '땅돼지'라는 이름이 붙었지만, 돼지는 아닙니다. 그럼 땅돼지는 어떤 종류에 속하는 동물일까요?

자세히 살펴보면, 땅돼지의 귀는 토끼를 닮았고, 꼬리는 캥거루, 몸은 작은 곰을 닮았습니다. 또한, 긴 혀로 흰개미를 핥아 먹는 모습은 마치 개미핥기 같지요. 그런데 땅돼지와 같은 종류의 동물은 지구상 어디에도 없습니다.

땅돼지목의 동물은 오직 땅돼지 뿐. 땅돼지는 혼자서 한 종류를 차지한다는 점에서 쓸쓸하고 고독한 동물입니다.

대왕판다

- 이름 : 대왕판다
- 분류 : 포유강 식육목 곰과
- 분포 : 중국
- 크기 : 길이 120~150cm

쌍둥이가 태어나도 하나만 기릅니다

나는요…?

　대왕판다는 2년에 한 번 출산합니다. 대부분 새끼를 한 마리씩 낳지만, 때때로 쌍둥이를 낳는 경우도 있습니다. 이럴 경우, 어미는 건강하고 몸집이 큰 새끼만 선택해 키웁니다. 나머지 새끼는 모유도 먹지 못하고 죽어 버립니다.

　이는 어미 대왕판다가 나빠서가 아닙니다. 애초에 젖이 나오는 양이 새끼 한 마리가 먹을 분량밖에 되지 않아서, 살아남을 확률이 더 높은 건강한 새끼에게 젖을 주어 기를 수밖에 없는 거예요.

　단, 야생 대왕판다가 아닌 동물원에서 사는 대왕판다의 경우, 사람의 도움을 받으면 한 배에 낳은 여러 새끼를 무사히 길러낼 수 있습니다. 어미가 한 새끼에게 젖을 주는 동안, 사육사가 다른 새끼를 돌봐주는 거지요. 그리고 시간을 잘 맞춰서 어미 곁에 새끼를 바꿔 넣어 주며 어미가 두 새끼를 골고루 기르도록 합니다. 쌍둥이가 어느 정도 크고 나면, 어미는 간신히 둘 다 돌보게 된답니다.

눈물 레벨

멧밭쥐

- ◆ 이름 : 멧밭쥐
- ◆ 분류 : 포유강 쥐목
- ◆ 분포 : 아시아, 유럽
- ◆ 크기 : 길이 5.5~7.5cm

먹이가 없어지면, 어미가 사라집니다

엄마….

멧밭쥐는 산지나 강가의 초원에서 사는 작은 쥐입니다. 일본에서는 '억새쥐'라고 부르는데, 억새 등의 잎을 이용하여 집을 만드는 습성 때문에 이런 이름이 붙었습니다. 높이 1m 정도 되는 곳에 새의 둥지처럼 둥근 집을 짓지요.

암컷은 이 집에서 새끼를 낳아 정성스럽게 기릅니다. 그런데 새끼를 기르던 중에 먹이를 구하지 못하게 되면, 새끼를 두고 어디론가 떠나 버립니다. 참고로 멧밭쥐의 먹이는 풀의 씨나 곤충 등인데, 옛날에는 벼를 먹는다고 사람들에게 오해를 받아 잡혀 죽는 일이 많았다고 해요.

| 눈물 레벨 | # 갈색과부거미 | ◆ 이름 : 갈색과부거미
◆ 분류 : 절지동물문 거미강 거미목
◆ 분포 : 중앙아메리카, 남아메리카, 일본
◆ 크기 : 길이 2.5~10mm |

목숨 걸고 나이 든 암컷에게 구애합니다

> 몸도 마음도 드리겠어요.

갈색과부거미의 수컷은 짝을 찾을 때 나이 든 암컷을 선호합니다. 길게는 6시간에 이르는 긴 구애 끝에 겨우 짝짓기에 성공하지만, 그 뒤에는 대부분 암컷에게 잡아먹힙니다.

그런데 젊은 암컷과 짝짓기를 한다면 수컷은 굳이 열심히 구애하지 않아도 짝짓기를 할 수 있고, 암컷에게 잡아먹힐 일도 거의 없습니다. 젊은 암컷을 고르면 살아남고, 다른 암컷과의 사이에서도 자손을 남길 수 있는데, 왜 갈색과부거미 수컷은 나이 든 암컷을 고를까요…. 그 이유는 아직도 알려지지 않았습니다.

| 눈물 레벨 💧 | # 돼지코개구리 | ◆ 이름 : 돼지코개구리
◆ 분류 : 양서강 개구리목
◆ 분포 : 인도 남서부
◆ 크기 : 길이 5.3~9cm |

계속 **땅속**에서만 삽니다

말풍선: 짝짓기도 땅속에서 끝내고 싶다….

돼지코개구리는 생김새가 기묘합니다. 코는 돼지 코를 닮았고 몸은 뚱뚱하지요. 살아가는 방법 또한 특이합니다. 일생의 대부분을 땅속에서만 살아가거든요. 땅속 개미나 흰개미를 주로 먹기 때문에, 돼지코개구리가 땅 위로 나올 일은 거의 없습니다.

단, 예외가 있습니다. 짝짓기를 할 때는 땅 밖으로 모습을 드러냅니다. 암컷은 연못 등에 알을 낳은 뒤에 다시 땅속으로 돌아가지요.

알에서 부화한 올챙이는 물속에서 자라납니다. 이 시기가 돼지코개구리가 지상에서 가장 오래 사는 시기랍니다.

| 눈물 레벨 | 정어리 | ◆ 이름 : 정어리
◆ 분류 : 경골어강 청어목
◆ 분포 : 태평양 남부
◆ 크기 : 길이 15cm |

무리를 위해서 희생됩니다

하나는 모두를 위해, 모두는 하나를 위해…

정어리는 수백, 수천 마리씩 떼를 지어 같은 방향으로 움직입니다. 혼자 있을 때는 작고 약한 물고기지만, 많은 수가 모여 있으면 커다란 생물처럼 보입니다. 그래서 천적이 정어리 떼를 쉽사리 공격하지 못하지요.

정어리가 떼를 지어 다니는 이유가 하나 더 있습니다. 천적에게 누군가가 잡아먹혀도 다른 동료는 목숨을 건질 수 있거든요. 적은 희생으로 많은 동료가 살아남을 수 있는 셈입니다.

참고로 정어리 떼는 무리를 이끄는 우두머리가 없습니다. 선두에서 헤엄치는 정어리는 우연히 거기에 있을 뿐이랍니다.

눈물 레벨

점박이물범

◆ 이름 : 점박이물범
◆ 분류 : 포유강 식육목 개아목
◆ 분포 : 태평양 북서부
◆ 크기 : 길이 150~170cm(수컷)

생후 2주 만에 어미가 사라집니다

어? 엄마?

점박이물범은 겨울에서 초봄 무렵까지 해빙(빙하가 녹은 것)이 떠다니는 바다에서 새끼를 낳습니다. 새끼 점박이물범은 희고 부드러운 솜털로 덮여 있습니다. 하지만 새끼 점박이물범의 이런 사랑스러운 모습은 단 2~3주만 유지됩니다. 부쩍부쩍 자라면서 솜털이 다 빠지고 금세 다 자란 점박이물범과 비슷한 모습이 되지요.

또한, 새끼의 겉모습이 다 자란 모습이 되고 나면 어미 점박이물범은 새끼를 두고 훌쩍 떠나 버립니다. 그 이유는 '새끼가 귀엽지 않아서'가 아닙니다.

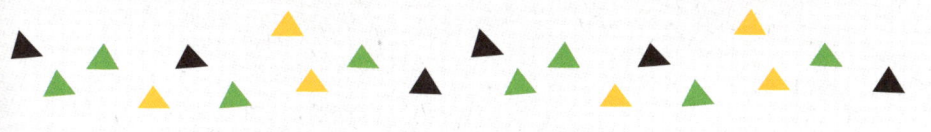

안녕~

봄이 오고 빙하가 녹기 전까지 새끼 점박이물범은 스스로 헤엄치고 사냥하는 법을 익혀 놓아야만 합니다. 어미가 물어 주는 먹이에만 의존하다가는 물에 빠져 죽거나, 굶어 죽게 되거든요.

그래서 몹시 엄격한 교육법이긴 하지만, 어미 점박이물범은 새끼를 위해 일부러 새끼의 곁을 일찍이 떠나는 것이랍니다.

| 눈물 레벨 | # 완보동물 | ◆ 이름 : 완보동물(곰벌레)
◆ 분류 : 동물계 완보동물문
◆ 분포 : 세계 각지
◆ 크기 : 최대 0.7mm |

의외로 쉽게 죽습니다

방심하다간 죽는다고.

완보동물 또는 곰벌레라 불리는 이 생물은 주로 이끼의 표면에서 볼 수 있는 작은 생물입니다. 지구상에서 생명력이 가장 강한 생물이지요. 완보동물은 섭씨 100도~영하 270도에 이르는 아주 높거나 낮은 온도에서도, 공기가 부족해도, 먹이가 없어도 살 수 있어요. 이토록 척박한 환경에서도 완보동물이 생존할 수 있는 비결은, 바로 '휴면 활동'입니다. 몸을 한껏 수축시켜 호흡 등 모든 활동을 멈추면서 극한의 상황에서 살아남지요. 하지만 평소에는 서식지의 물이 더러워지는 것만으로 쉽게 죽고, 수명은 길어야 1년 정도에 그칩니다.

| 눈물 레벨 | # 키로넥스 플레커리 | ◆ 이름: 키로넥스 플레커리(바다의 말벌)
◆ 분류: 자포동물문 상자해파리강
◆ 분포: 인도양 남부, 오스트레일리아 남부 근해
◆ 크기: 갓의 높이 30~50cm |

붉은바다거북에게는 독이 듣지 않습니다

상 자해파리의 일종인 '키로넥스 플레커리'는 가장 강력한 독을 지닌 바다 생물로 알려져 있습니다. 3m에 이르는 긴 촉수를 통해 작은 독침을 쏘아 먹이를 잡지요.

키로넥스 플레커리의 독은 작은 물고기의 목숨을 금세 앗아 갈 정도로 강한 맹독입니다. 사람도 이 독에 쏘여 목숨을 잃은 경우가 많고, 운 좋게 목숨을 건져도 흉터를 평생 안고 살아야 해요.

그런데 이 무시무시한 독이 붉은바다거북에게는 전혀 듣지 않습니다. 그래서 키로넥스 플레커리는 붉은바다거북에게 걸리면 잡아먹힌답니다.

 눈물 레벨

흰개미

- 이름 : 흰개미
- 분류 : 곤충강 바퀴목 흰개미아목
- 분포 : 한국 남부, 일본
- 크기 : 길이 4.5~7mm(일개미)

나이가 들면 위험한 일을 하게 됩니다

늙은이에겐 혹독한 세상이야….

흰개미의 일개미 중 일부는 초여름에 병정개미가 되어 집을 지킵니다. 이 병정개미에 대한 재미있는 사실이 밝혀졌습니다.

흰개미 가운데 젊은 병정개미는 굴 안쪽에서 여왕개미나 왕개미를 지킵니다. 그런데 나이를 먹은 병정개미는 굴 입구에서 적의 침입을 막는 일을 하게 됩니다.

굴 입구는 굴 안쪽보다 죽을 위험성이 더 높을 수밖에 없습니다. 즉, 남은 생이 짧은 늙은 개미일수록 죽을 위험이 더 큰 일을 맡아서 젊은 개미가 죽을 확률을 낮추는 것이지요.

 눈물 레벨

주꾸미

- 이름 : 주꾸미
- 분류 : 연체동물문 두족강 문어목
- 분포 : 한국, 중국, 일본
- 크기 : 길이 20cm

목숨을 건 육아가 끝나면 죽습니다

"반드시 지켜 주겠어!"

  주꾸미는 문어에 속하는 동물 가운데 몸집이 작아서, 대형 육식 물고기의 표적이 되기 쉽습니다. 그래서 주꾸미는 조개껍데기 같은 곳에 몸을 숨기곤 합니다.
  암컷 주꾸미는 봄이 되면 돌 틈이나 조개껍데기에 약 500개의 알을 낳는데, 알이 부화할 때까지 대략 2개월이 걸립니다.
  알이 부화하기를 기다리는 동안 암컷은 계속 아무것도 먹지 않고 천적으로부터 알을 돌봅니다. 그리고 알에서 깨어난 새끼들이 헤엄치기 시작할 무렵, 암컷은 목숨을 건 육아를 마침내 끝내고 숨을 거둡니다.

| 눈물 레벨 | 아이아이원숭이 | ◆ 이름 : 아이아이원숭이
◆ 분류 : 포유강 영장목
◆ 분포 : 아프리카(마다가스카르)
◆ 크기 : 길이 36~44cm |

무서운 외모 때문에 고생했습니다

마다가스카르에 사는 아이아이원숭이는 멸종 위기에 처한 동물에 속합니다. 그 이유는 다름아닌 외모 때문이에요. 번뜩이는 노란 눈, 커다란 귀, 가늘고 긴 가운뎃발가락이 특징이고, 밤에 움직이기 때문에 현지에서는 '악마의 심부름꾼'이라고 불렸습니다. 그런데 아이아이원숭이의 이 발가락이 가리킨 사람은 죽는다는 소문이 돌면서, 많은 아이아이원숭이가 사람들에게 사냥되었습니다.

그런데 사실 아이아이원숭이는 소문과는 달리 온순한 동물입니다. 발가락이 가늘고 긴 이유는 과일의 알맹이를 파내거나 나무 구멍 속의 벌레를 꺼내 먹기 위해 발달된 거였지만, 사람들의 엉뚱한 편견 때문에 위기를 맞고 말았지요.

눈물 레벨

물자라

- 이름 : 물자라
- 분류 : 곤충강 노린재목 물장군과
- 분포 : 한국, 일본
- 크기 : 길이 17~20mm

알 때문에 도망치기 힘듭니다

제발 그러지 마…

물자라는 논이나 늪 등 얕은 물가에 사는 노린재 무리입니다. 암수 모두 알을 돌보는데, 이는 곤충 중에서는 드물게 나타나는 특징이지요. 매년 4월부터 8월 무렵 암컷이 수컷 등에 알을 낳으면, 수컷은 알을 짊어진 채 키웁니다.

하지만 알을 키우는 과정에는 많은 위험이 도사리고 있습니다. 알을 짊어진 상태에서는 해오라기 같은 천적이 공격해 올 경우, 날갯짓을 하여 달아날 수 없거든요. 또한, 다른 수컷이 알을 먹어 버리는 경우도 있습니다. 육아를 한다는 건 아주 어려운 일이군요.

눈물 레벨	# 슴새	◆ 이름 : 슴새 ◆ 분류 : 조강 슴새목 ◆ 분포 : 한국, 중국, 일본 ◆ 크기 : 길이 48cm

나무에 부딪혀야 착지할 수 있습니다

내려올 수만 있다면야.

슴새는 날개를 펼치면 약 1m 20cm 정도 됩니다. 이 커다란 날개에 일단 바람을 잘 받으면 마치 글라이더처럼 바다 위를 느긋하게 하루 종일 날 수 있습니다.

그런데 슴새는 땅에서 직접 날아오르는 것이 어렵습니다. 때문에 발톱을 이용해 높은 나무에 올라간 다음, 거기서 떨어져야만 바람을 받아 날아오를 수 있지요. 또한, 슴새는 착지를 할 때도 서투릅니다. 원하는 장소로 바로 내려앉을 수 없기 때문에, 나뭇가지 같은 곳에 일단 한 번 앉은 다음에야 더 낮은 곳으로 완전히 착지한답니다.

감동 실화

1 소녀를 구한 늙은 개

🐾 **행방불명이 된 3살 소녀**

개는 인간의 가장 좋은 친구라는 말이 있습니다. 이 말을 증명하는 사건이 오스트레일리아에서 일어났습니다.

2018년 4월 20일 오후 3시 무렵, 퀸즐랜드 주의 체리 갈리라는 마을에서 세 살짜리 여자아이 오로라가 감쪽같이 사라졌습니다.

체리 갈리는 주위가 산으로 둘러싸인 곳으로 숲이 우거진 지역이었습니다. 제대로 된 장비도 없이 들어간다면 어른이라도 길을 잃을 만큼 위험한 곳이지요. 오로라는 혼자서 그곳에서 놀다가 정신이 팔려 집으로부터 멀어진 것으로 추측됩니다.

이를 알게 된 가족과 이웃들이 오로라를 필사적으로 찾으러 다녔습니다. 해당 주의 긴급 구조대까지 100명 이상의 사람들이 수색을 벌였지만, 오로라를 찾는 데 실패했습니다.

 오로라와 사라진 맥스

오로라의 할머니는 수색 작업에 함께하던 중, 집에 있어야 할 반려견 맥스가 사라진 사실을 알아챘습니다. 집 주위를 아무리 살펴봐도 맥스를 찾을 수 없었지요.

'어쩌면 맥스는 오로라와 같이 있을지도 몰라…….'

할머니는 이렇게 직감했고, 시간이 지난 뒤 할머니의 직감은 사실로 드러났습니다. 오로라가 사라진 지 17시간 후인 다음 날 아침 8시 무렵. 수색대 앞에 맥스가 모습을 드러냈습니다. 맥스는 수색대원을 그대로 오로라가 있는 곳으로 데리고 갔습니다. 오로라가 발견된 곳은 집에서 2km나 떨어진 숲 속이었습니다. 오로라가 실종될 당시, 자꾸만 숲으로 멀어지는 오로라를 보며 맥스는 오로라 뒤를 따라갔을 것입니다. 맥스가 없었다면 오로라에게 최악의 사태가 일어났을지도 모릅니다.

🐾 아이를 끝까지 지킨 맥스

여기서 더 놀라운 사실이 있습니다. 맥스는 귀가 들리지 않고 눈도 잘 보이지 않는 개였던 것입니다. 게다가 맥스의 나이는 무려 17살이었다고 합니다. 사람으로 따지면 할

아버지뻘이었지요.

  이렇게 몸이 잘 따라 주지 않는 나이 든 개였음에도 불구하고, 맥스는 자신보다 약한 오로라를 필사적으로 지킨 거예요.

  오로라는 발견 당시 큰 상처 없이, 군데군데 긁힌 자국만 있었습니다. 긁힌 자리에는 맥스가 핥아 준 흔적이 있었어요.

  오로라가 발견된 날의 오전 9시 기온은 섭씨 14도였지만, 그때는 비가 내렸고 오랜 시간 아무것도 먹지 못한 채였기 때문에 오로라의 몸은 차가웠을 거예요. 그런 오로라 곁에 맥스가 밤새 붙어 오로라의 체온을 따뜻하게 유지해 준 것입니다.

 명예 경찰견 선정

  이 사건은 퀸즐랜드주 경찰서 페이스북에 실렸고, 맥스는 '명예 경찰견'의 칭호를 얻었습니다.

  개는 사람의 기분을 이해하고 의도를 파악할 수 있다고 합니다. 그래서인지 개가 사람이 위기에 처한 것을 눈치채고 사람의 목숨을 구하는 활약을 하는 경우가 왕왕 있어요. 아마 맥스도 숲에서 길을 잃고 불안한 오로라의 기분을 알아차리고, 자신이 오로라를 열심히 지켜야 한다고 생각한 끝에 필사적으로 오로라를 지키며 도움을 기다리고 있었던 건 아닐런지요.

감동 실화
'안내묘' 고양이

 입양된 개, 터벌

영국의 북 웨일즈의 홀리헤드에 사는 주디 고드프리 브라운은 친구에게 부탁을 받았습니다.

친구가 기르는 '터벌'이라는 이름의 개를 맡아 달라는 부탁이었지요. 친구가 이사 갈 아파트가 반려동물을 기르지 못하도록 해서 어쩔 수 없이 다른 사람에게 맡겨야 한다는 것이었습니다. 동물을 몹시 좋아하는 주디는 기꺼이 터벌을 맡기로 했습니다. 그날부터 터벌과 주디의 생활이 시작되었습니다.

🐾 눈이 보이지 않게 되다

하지만 얼마 지나지 않아 터벌에게 백내장 증상이 나타나더니, 곧 터벌의 눈이 완전히 보이지 않게 되었습니다. 터벌은 집 안에서 벽에 부딪히는 일이 많아졌고, 별로 걷지 않게 되었습니다. 결국 하루의 대부분을 침대에서 보내게 되었지요.

🐾 현관에 나타난 들고양이

바로 그 무렵, 들고양이 한 마리가 집 주위를 어슬렁거리게 되었습니다. 주디는 그 고양이에게 '푸디태트'라는 이름을 붙이고 먹이를 주었습니다. 그러자 푸디태트가 매일 집 앞에 모습을 드러냈고, 한동안 주디는 푸디태트와 가까운 이웃으로 지내고 있었습니다.

그러던 어느 밤, 기적을 불러온 사건이 일어났습니다. 주디는 그날따라 푸디태트가 여느 때와 뭔가 다르다는 점을 느꼈습니다.

"푸디태트가 현관 앞에 가만히 서 있지 뭐예요."

주디의 회상에 따르면, 푸디태트가 마치 "이 집에서 저를 길러 주세요."라고 말하듯이 울었다고 합니다. 결국 주디가 문을 활짝 열어 집 안으로 들여 주자, 푸디태트는 곧장 잠든 터벌을 향해 다가갔다고 합니다.

 기적을 일으킨 푸디태트

  푸디태트는 새로운 환경에 금방 적응했을 뿐만 아니라, 다음날부터 터벌의 침대 옆에서 자게 되었습니다. 어쩌면 동물 특유의 감각으로 터벌의 눈이 보이지 않는다는 것을 알아차렸을지도 모르지요.
  얼마 지나지 않아, 푸디태트는 앞발로 터벌의 몸을 부드럽게 밀어 침대에서 일어나게 했고, 이윽고 터벌을 마당까지 데리고 나가는 데 성공했습니다.

 언제나 사이좋은 두 친구

  주디는 푸디태트가 집에 들어온 즉시 터벌의 눈이 보이지 않는 것을 이해한 듯했다고 느꼈습니다. 푸디태트가 앞발을 요령 있게 사용하여 터벌에게 다양한 일을 해 주었거든요. 두 친구는 늘 무엇이든 함께하고 같은 침대에서 잤습니다. 마치 영화의 한 장면 같았지요. 주디는 그 모습을 회상하며 이렇게 말했습니다.
  "터벌과 푸디태트는 친구 이상의 관계입니다. 함께 살면 서로 진심으로 좋아하고 통하게 된다는 것을 알 수 있었어요."
  푸디태트는 이렇게 집 안에서나, 마당에서나, 터벌이 넘어지거나 부딪히지 않도록 터벌을 돕는 '안내묘'로서 나날을 보내게 되었습니다.

'안내묘' 고양이 ❷

🐾 고양이 탈을 쓴 천사?

 본래 들고양이는 경계심이 강하고, 집에서 키우게
된다 해도 새로운 환경에 적응하는 데 오랜 시간이 걸립니다. 그
런데도 스스로 집고양이가 되어 터벌을 돌보기 시작한 푸디태트는, 어쩌
면 고양이 모습을 한 천사로 나타나 터벌과 주디의 곁에 있는 게 아닐까요.

45

무덤을 지킨 개

아버지의 선물

주인과 반려동물은 때로는 서로 아주 특별한 유대감을 나눕니다. 이런 현상이 아르헨티나에서 일어났습니다.

이야기의 주인공은 저먼 셰퍼드의 잡종인 개로서, 이름은 '꺼삐딴'입니다. 아르헨티나의 중앙부의 한 마을인 비자 카를로스 파스에 사는 미겔 구스만이 아들 다미안의 생일을 기념해 반려견을 입양했습니다. 꺼삐딴은 2005년 6월에 가족의 일원이 되었지요.

그런데 미겔이 이듬해인 2006년 3월에 세상을 떠났습니다. 너무도 갑작스러운 일이었기 때문에 가족은 슬퍼할 겨를도 없이 장례식을 치렀습니다. 가족들이 정신없는 틈에 꺼삐딴이 모습을 감췄습니다.

꺼삐딴이 사라진 사실을 가장 먼저 알아챈 사람은 아들인 다미안이었습니다. 집 근처부터 출발해 상당히 멀리까지 다니며 꺼삐딴을 찾았지만 헛수고였죠. 미겔이 세상을 뜬 것에 이어 꺼삐딴마저 사라져 버린 것입니다.

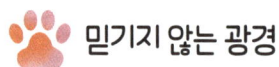
믿기지 않는 광경

장례식을 치르고 며칠 뒤, 처음 성묘를 간 가족은 그곳에서 믿을 수 없는 광경을 봤습니다. 바로 꺼삐딴이 미겔의 무덤 앞에 앉아 있었던 거예요! 그 모습은 마치 성묘를 하러 온 가족을 기다리고 있는 것만 같았지요. 미겔의 아내 베로니카는 이렇게 말했습니다.

"다미안이 크게 소리를 질러서 무슨 일인가 싶었는데, 멀리 무덤 앞에 앉아 있던 꺼삐딴이 짖으면서 달려오더라고요. 기뻐서 내는 듯한 소리였어요."

가족은 꺼삐딴을 그대로 집으로 데려오기 위해 몇 번이나 차에 태우려고 시도했지만, 꺼삐딴은 무덤 앞으로 돌아가 버렸다고 합니다. 미겔은 세상을 떠날 당시 병원에 있었고, 묘지 또한 자택에서 상당히 떨어져 있었습니다. 미겔의 시신이 안장될 때만 해도 꺼삐딴이 행방불명이었는데 꺼삐딴은 어떻게 미겔이 묻힌 무덤까지 찾아온 걸까요? 무덤 앞에서 꿈쩍도 하지 않는 꺼삐딴을 보고, 가족은 어쩔 수 없이 꺼삐딴을 그곳에 두고 집으로 돌아왔습니다.

그다음 주 일요일. 다시 성묘하러 간 가족은 여전히 무덤 앞에 앉은 꺼삐딴을 발견했습니다. 다만, 이 날은 말을 걸자 꺼삐딴이 가족을 뒤따라와 차에 타더니 집으로 함께 돌아왔습니다. 이제 꺼삐딴이 그대로 집에 있을 것으로 가족은 생각했지만, 사흘 후 꺼삐딴은 다시 자취를 감추었습니다.
갈 곳은 정해져 있었습니다. 그날 이후 꺼삐딴은 영영 미겔의 무덤 곁에서 살았다고 합니다.

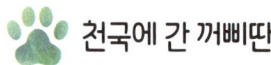 **천국에 간 꺼삐딴**

2018년 2월 20일, 묘지 관리인이 미겔의 무덤 앞에 죽어 있는 꺼삐딴을 발견했습니다. 만족한 듯한 미소를 띠며 잠든 표정이었다고 합니다.

꺼삐딴은 주인의 죽음을 알고 무덤을 지켰던 걸까요? 아니면 거기서 기다리면 언젠가 주인이 돌아올 거라고 생각한 걸까요? 어느 쪽이 사실이든, 그 이유는 꺼삐딴과 미겔 사이에 특별한 유대가 있었기 때문일 겁니다. 그렇지 않다면 꺼삐딴은 10년도 넘는 기나긴 시간 동안 매일 한결같이 미겔의 무덤 곁을 지키려 하지는 않았을 테니까요.

무덤을 지킨 개 ③

천국까지 주인을 따라간 꺼삐딴은 어쩌면 가장 행복하게 삶을 마감할 수 있었는지도 모릅니다. 지금쯤 천국에서 주인과 함께 실컷 장난을 치며 즐겁게 지내고 있지 않을까요. 마치 살아 생전 그들의 모습대로 말이지요.

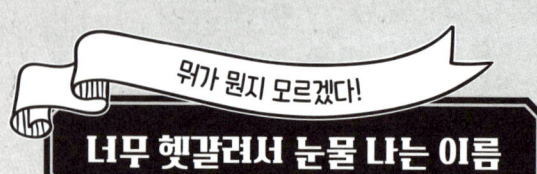

뭐가 뭔지 모르겠다!
너무 헷갈려서 눈물 나는 이름

> 듣기만 해서는 뭔지 모를 이름의 생물입니다.

주름송편게

긴털부채게과에 속하는 게입니다.
하지만 이름과 달리 긴 털이 없고, 매끈매끈합니다.

매끈 매끈

문어다리 오징어
(일본어로 타코이카, '문어오징어'라는 뜻)

원래 오징어의 다리는 10개, 문어의 다리는 8개예요.
이 오징어는 다리가 8개여서 이런 이름이 붙었습니다.

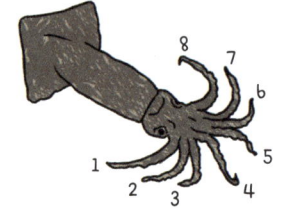

독사물고기

독사인지 물고기인지 헷갈리지만,
정체는 심해어의 한 종류입니다.

까다롭군.

벌매

벌일까요? 매일까요? 정답은, 매입니다.
벌집 속 유충이나 번데기를 먹어서 이런 이름이 붙었습니다.

벌이 너무 좋아!

게박쥐나물

게도 아니고 박쥐도 아닌, 식물입니다.
박쥐나물속의 식물로, 잎이 게의 등딱지와 닮았어요.

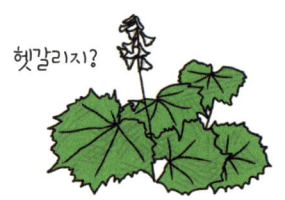
헷갈리지?

2 눈물 나는 몸

대단하긴 하지만 조금 불편해 보이는

몸이 특징인 생물들을 소개합니다!

| 이마이즈미 다다아키 선생님의 말 |

야생동물의 비장의 무기를 소개합니다

　동물의 임무는 스스로 살아남고 자손을 남기는 일입니다. 그러기 위해서는 천적으로부터 몸을 숨기거나 싸우거나 하여 어떻게든 목숨을 지키고, 같은 종과 경쟁하여 이겨야 합니다.

　짝짓기를 하는 계절을 앞두고 수컷끼리 격렬하게 싸우는 동물 중에는 특유의 무기나 능력이 발달한 경우가 있습니다. 그중 뿔은 비교적 많은 동물이 지닌 무기지요. 말코손바닥사슴의 수컷은 거대하고 복잡한 모양의 뿔을 가지고 있습니다. 그런데 이 뿔이 얽히면 양쪽 수컷이 모두 죽는 경우가 있습니다.

　독사 중에는 맹독을 품은 종류가 있는데, 이렇게 강력한 독을 만드는 데 상당한 에너지가 쓰이기 때문에 독사들은 독을 함부로 사용하지 않습니다.

치타는 빠른 달리기 선수지만, 달리는 동안 구멍 등에 다리가 빠지기라도 하면 뼈가 부러지는 큰 사고를 겪는 경우가 있습니다.

기린의 수컷은 뿔과 긴 목을 이용해 서로 공격하다가, 목이 지나치게 긴 탓에 목뼈가 어긋나는 경우가 있습니다.

이렇게 동물이 어떤 무기나 능력을 지니고 있다고 해서 반드시 모든 일이 잘 풀리는 것만은 아니라는 사실을 알 수 있습니다. 그럼에도 불구하고, 동물들은 오늘도 내 몸의 일부를 희생해서라도 어떻게든 살아남으려고 한답니다.

벌새

눈물 레벨

- **이름** : 벌새(꿀새)
- **분류** : 조강 칼새목 벌새과
- **분포** : 쿠바
- **크기** : 길이 4~6cm

낮에는 격렬하게 움직이고, 밤에는 잠잠합니다

벌새의 대부분은 벌 정도에 불과한 작은 크기입니다. 1초 동안 50회 이상의 날갯짓을 하고, 끝이 두 갈래로 나뉜 가늘고 긴 혀를 재빨리 움직여 꽃 속에 든 꿀을 빨아먹습니다.

벌새는 엄청난 속도의 날갯짓을 하기 위해 많은 에너지를 사용합니다. 낮 동안에는 꽃의 꿀을 계속해서 빨다가, 꽃잎이 닫히는 밤이 되면 이런 활동을 하지 않고 에너지를 쓰는 일을 최소한으로 줄이게 되지요. 이때 벌새는 마치 겨울잠을 자는 동물처럼 깊은 잠에 빠져듭니다.

참거두고래

눈물 레벨 💧💧

- ◆ 이름: 참거두고래
- ◆ 분류: 포유강 고래목
- ◆ 분포: 북대서양 등
- ◆ 크기: 길이 7.6m

숨구멍에 생선이 끼어 죽고 말았습니다

고래는 머리 위에 달린 '분기공'이라는 구멍을 통해 공기를 들이마시고 내쉬며 호흡을 합니다. 해수면에서 호흡할 때는 분기공을 열고, 물속으로 들어가면 분기공을 닫습니다. 그래서 물속에서는 분기공에 바닷물이 들어오는 일이 거의 없지요.

그런데 분기공에 바닷물이 아니라 엉뚱한 것이 들어가 버린 고래가 있습니다. 바로 참거두고래입니다. 이 고래의 분기공에는 넙치가 걸리고 말았습니다. 바다 밑바닥에 있다가 달아나던 중 우연히 고래의 분기공에 걸린 걸까요. 넙치 때문에 분기공이 막힌 참거두고래는 숨을 쉬지 못해 죽었습니다.

눈물 레벨

통안어

- 이름 : 통안어
- 분류 : 경골어강 샛멸목
- 분포 : 북태평양의 수심 400~800m
- 크기 : 길이 15cm

머릿속이 훤히 들여다보입니다

심해에는 기묘한 모습의 생물이 많습니다. 통안어도 그중 하나인데, 머릿속이 훤히 들여다보여 아주 신기하지요.

머리는 투명한 막으로 덮여 있으며, 그 속은 액체로 가득 차 있습니다. 그리고 머리 안에 번득이는 커다란 눈도 들어가 있어요. 짧은 관 모양의 자루 끝에 통처럼 생긴 특이한 눈이죠. 이 때문에 '통안어'라 불립니다.

통안어의 이 눈은 위쪽을 향해 있어, 위를 떠다니는 해파리를 발견하여 삼키게 해 줍니다. 참고로, 맨 앞쪽에 달린 눈처럼 보이는 두 개의 작은 구멍은 사실 콧구멍이랍니다.

통안어는 해안가로 밀려 올라가게 되면, 머리의 막이 없어져 머리가 쪼그라들고 말아요.

눈물 레벨 	# 플라나리아	◆ 이름 : 플라나리아 ◆ 분류 : 곤편형동물문 와충강 ◆ 분포 : 일본 등 세계 곳곳 ◆ 크기 : 길이 2~2.5cm

스스로 소화되어 버립니다

하이 리스크, 하이 리턴.

　강의 상류에 주로 사는 플라나리아는 편형동물로, 놀라운 재생 능력을 갖추고 있습니다. 몸을 반으로 자르면 각각에서 재생하여 두 마리가 되지요! 백 마리가 될 때까지 재생에 성공했다는 기록도 있습니다. 분열되면 각자 재생하면서 개체 수를 늘리기 때문에, 수명은 따로 세지 않습니다.

　그런데 플라나리아가 재생하기 위해서는 필요한 조건이 있습니다. 바로 '물의 온도'인데, 섭씨 10~20도 사이여야 합니다. 그렇지 않다면 재생 능력이 떨어지거든요. 또한, 플라나리아는 일주일 안에 음식물을 먹은 상태에서 잘리게 되면 자신의 소화액에 죽어 버리고 맙니다.

눈물 레벨	가재	◆ 이름 : 미국가재 ◆ 분류 : 절지동물문 연갑강 십각목 ◆ 분포 : 미국 등 세계 곳곳 ◆ 크기 : 길이 10cm

모래알이 없으면 비틀비틀합니다

비틀   비틀

많은 동물, 그 가운데서도 사람 같은 척추동물은 귀에 돌이 있습니다. 칼슘으로 이루어진 이 돌을 통해 몸의 기울어짐을 느끼고 균형을 잡을 수 있지요. 이렇게 평형 감각을 유지해 주는 이 돌을 '평형석' 또는 '이석'이라고 부릅니다.

그런데 탈피를 막 마친 가재는 평형석이 없습니다. 그래서 가재는 짧은 더듬이 밑구멍에 작은 모래알을 넣습니다. 탈피를 거듭할 때마다 모래알을 계속 집어넣어야 하지요. 모래알이 없으면 비틀비틀, 정신이 없기 때문입니다.

| 눈물 레벨 | 말코손바닥사슴 | ◆ 이름 : 말코손바닥사슴
◆ 분류 : 포유강 우제목 사슴과
◆ 분포 : 아시아, 유럽
◆ 크기 : 길이 240~310cm |

뿔이 얽혀
애를 먹습니다

노르웨이에서 '숲의 왕'이라 불리는 말코손바닥사슴은 사슴 중 가장 큰 종류에 속합니다. 특히 수컷 말코손바닥사슴의 머리에는 손바닥처럼 납작하고 커다란 뿔이 있는데, 이 뿔은 매년 빠졌다가 다시 자라나기를 반복합니다.

수컷은 영역이나 암컷을 두고 싸울 때 서로 뿔을 부딪치며 싸웁니다. 그런데 운이 없으면 수컷들의 뿔이 서로 얽히는 경우가 있습니다. 최악의 경우 끝내 뿔이 빠지지 않아 옴짝달싹할 수 없게 되어, 얼마 지나지 않아 양쪽 모두 죽음을 맞이하고 맙니다.

눈물 레벨	오징어	◆ 이름 : 화살오징어 ◆ 분류 : 두족강 살오징어목 ◆ 분포 : 한국, 일본 이남, 태평양 북부 ◆ 크기 : 몸통 길이 40cm (수컷)

몸이 반대로 그려지기 십상입니다

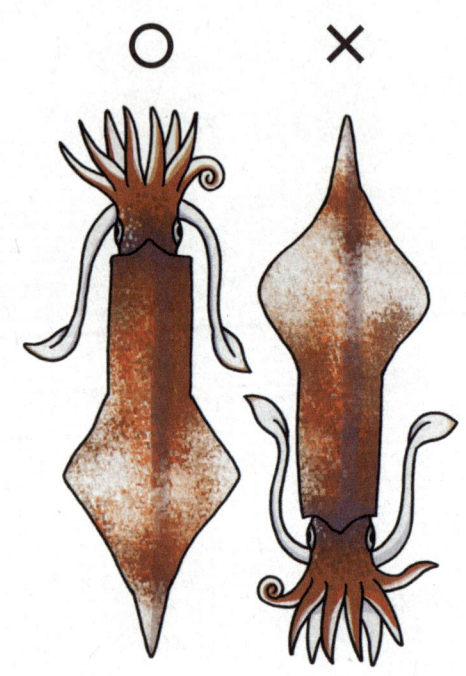

오징어 그림을 본 적이 있나요? 삼각형의 지느러미가 있는 부분이 위쪽에, 10개의 다리는 아래쪽에 있는 그림을 본 경우가 많을 것입니다.

그런데 이 방향으로 그리는 방식은 사실 엄밀히 따지면 틀린 방식입니다. 사람을 그릴 때처럼 눈을 위쪽, 몸통을 아래쪽 방향에 오도록 그려야 한다면 말이에요.

삼각형의 지느러미가 있는 부분은 오징어의 머리라고 생각하기 쉽지만 사실 몸통에 해당합니다. 즉, 눈을 위에 두고 몸통을 아래쪽에 그리는 것이 맞습니다. 참고로 문어도 둥근 몸통이 아래로 오는 것이 맞습니다.

눈물 레벨	**사람**	◆ 이름 : 사람 ◆ 분류 : 포유강 영장목 ◆ 분포 : 세계 곳곳

얼굴에 200만 마리의 진드기가 살고 있습니다

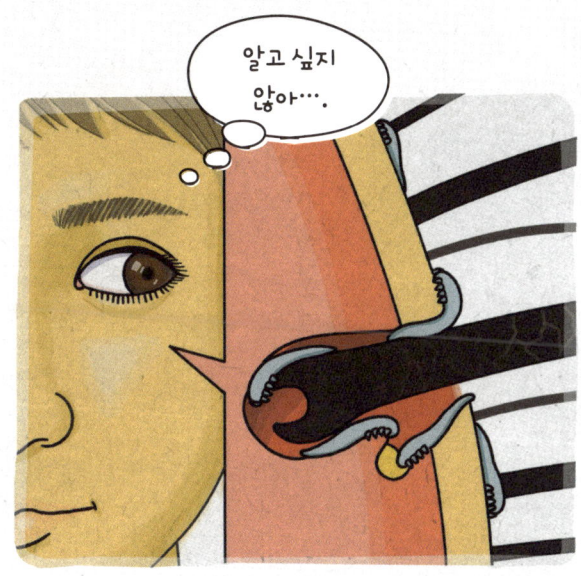

알고 싶지 않아….

진드기는 사람이 생활하는 장소라면 어디에나 있는 극히 작은 생물입니다. 그리고 사람의 얼굴에도 잔뜩 있는데…. 그 수는 무려 200만 마리에 달해요!

사람 얼굴에 있는 이 진드기의 이름은 '모낭충'이며, '여드름진드기'라고도 불립니다. 매우 작아 사람 눈에는 보이지 않지요. 모낭충은 사람의 털구멍 속에 살고, 사람의 피부에서 나는 유분을 먹습니다. 이 과정에서 사람 피부의 유분과 수분의 균형이 유지되지요. 단, 모낭충이 지나치게 많아지면 피부가 건조해지거나 여드름이 생긴답니다.

사각해삼

눈물 레벨 💧💧💧

- ◆ 이름 : 사각해삼
- ◆ 분류 : 극피동물문 해삼강 순수목
- ◆ 분포 : 일본 가고시마 이남 얕은 바다
- ◆ 크기 : 길이 15~30cm

몸을 만지면 녹습니다

짜-잔

사각해삼은 이름대로 각진 모양의 해삼입니다. 사각해삼의 표면은 본래 딱딱하지만, 우리가 만져 보면 몸에서 물이 나오며 곧 흐물흐물하게 변합니다.

이는 곧 사각해삼이 자신의 몸을 지키는 수단이랍니다. 사각해삼은 천적에게 잡아 먹힐 위기에 처하면 천적에게 잡힌 부분이 부드러워지고, 자신의 내장을 몸 밖으로 쏟아 버립니다. 이때 천적의 관심이 내장에 쏠린 사이에 달아날 수 있지요. 몸이 부드러워지고 내장이 없어진 것은 어차피 일정 시간이 지나면 원래대로 돌아오기 때문에 사각해삼은 큰 피해를 입지 않습니다.

| 눈물 레벨 | 도마뱀 | ◆ 이름 : 다섯줄도마뱀
◆ 분류 : 파충강 뱀목 도마뱀과
◆ 분포 : 한국, 일본 동쪽, 러시아 극동부
◆ 크기 : 길이 15~27cm |

꼬리가 끊어지면 약해집니다

    도마뱀은 천적에게 공격을 받으면 꼬리가 끊어집니다. 끊어진 꼬리는 팔딱팔딱 움직여서 천적의 관심을 끌고, 그 사이 도마뱀은 천적으로부터 멀리 달아납니다.

  끊어진 꼬리는 다시 자라지만, 뼈는 자라지 않습니다. 게다가 꼬리를 재생하는 데 많은 에너지가 필요합니다. 그래서 한 번 꼬리를 잃으면 몸이 약해지고, 균형을 잡기가 어려우며, 움직임이 둔해져서 그다음에 천적에게 붙잡힐 확률이 높아집니다. 꼬리를 자르는 일은 별거 아닌 일처럼 보이지만 도마뱀에겐 일생일대의 커다란 사건인 셈이지요.

| 눈물 레벨 | 흡혈박쥐 | ◆ 이름 : 흡혈박쥐
◆ 분류 : 포유강 박쥐목
◆ 분포 : 중앙아메리카~남아메리카 중부
◆ 크기 : 길이 9cm |

피를 나누지 않으면 외면 받습니다

그때는 미안했어.

흡혈박쥐는 동물의 피를 영양분으로 삼습니다. 보통 박쥐는 곤충이나 식물 등을 먹기 때문에, 동물 피를 빤다는 건 박쥐 가운데 드물게 보이는 특성이에요. 흡혈박쥐는 날카롭고 뾰족한 이빨로 목표물의 피부를 가르거나 하여 피를 핥아 먹습니다. 먹는 양은 불과 한 숟가락 정도입니다. 흡혈박쥐는 이틀 이상 피를 먹지 못하면 죽는데, 그렇다고 많은 양의 피를 미리 한꺼번에 많이 먹어 두는 것도 불가능해요. 지나치게 많이 먹으면 몸이 무거워져 날지 못하게 되거든요.

이미 늦었어.

　그럼 이틀간 피를 구하지 못할 경우, 흡혈박쥐는 죽을 수밖에 없는 걸까요? 아닙니다. 무리지어 사는 암컷 흡혈박쥐의 경우, 피를 구하지 못한 동료에게 자신이 먹었던 피를 토해 나눠 줍니다. 반대의 경우에는 동료에게 피를 받아 먹기도 하지요.
　하지만 이토록 친절한 암컷 흡혈박쥐도 반전이 있습니다. 과거에 자신을 도와주지 않은 동료를 기억했다가, 다음에 그 동료가 도움을 받아야 하는 상황이 오면 피를 나눠 주지 않는 경우가 많다고 하네요!

메리리버거북

◆ 이름 : 메리리버거북
◆ 분류 : 파충강 거북목
◆ 분포 : 오스트레일리아
◆ 크기 : 등껍질 길이 40cm

항문으로 호흡합니다

방귀가 아냐!

오스트레일리아의 메리 강에 사는 메리리버거북은 물속에 있는 동안 특별한 방법으로 호흡을 합니다. 바로 항문을 통해 호흡을 한다는 점인데, 배설을 하고 알을 낳는 이 부분에 특별한 분비기관이 있어, 물속의 산소를 빨아들일 수가 있습니다.

덕분에 메리리버거북은 물속에서 3일 동안이나 잠수한 채 가만히 지낼 수 있습니다. 보통 다른 거북은 몇 분 또는 몇 시간 단위로 수면 위에서 호흡해야 하는데 말이에요. 움직임이 많지 않아서 머리와 등껍질에 이끼 같은 녹조류가 머리카락처럼 잘 자라난답니다.

| 눈물 레벨 💧💧 | 뱀장어 | ◆ 이름 : 뱀장어
◆ 분류 : 경골어강 뱀장어목
◆ 분포 : 한국, 일본 등 아시아, 유럽
◆ 크기 : 전체 길이 60~100cm |

구우면 독이 사라집니다

그래도 날 그만 먹어 줘.

뱀장어는 영양분이 풍부해 체력 회복에 좋은 식재료로 인기가 있습니다. 강에서 서식하는 민물고기로, 뱀장어를 먹을 땐 주로 구워 먹으며 회로는 먹지 않습니다. 왜냐하면 뱀장어의 피에는 '이크티오톡신'이라는 독성 물질이 들어 있기 때문이에요.

이크티오톡신은 독성이 그다지 강하지 않지만 우리 눈에 들어가면 실명할 위험이 있고, 입에 들어가면 목이 붓습니다. 그러나 이 독은 열에 약하기 때문에, 굽거나 찌거나 끓이거나 하여 조리하면 독성이 없어집니다. 만약 이 독이 열에 강했다면 뱀장어는 사람에게 잡아먹히지 않고 살아갈 수 있었겠지요.

| 눈물 레벨 | # 턱끈펭귄 | ◆ 이름 : 턱끈펭귄
◆ 분류 : 조강 펭귄목
◆ 분포 : 남극 대륙 및 주변 섬
◆ 크기 : 길이 69~76cm |

똥이 기세 좋게 날아갑니다

끄응!

　턱끈펭귄은 턱을 가로지르는 검은 띠 무늬가 특징입니다. 크기는 펭귄 중에서 중간 정도이며, 동료와 무리지어 생활합니다. 짝이 된 암컷과 수컷은 작은 돌을 쌓아 둥지를 만듭니다. 그리고 알을 낳으면 암수가 5~10일을 주기로 번갈아 가며 알을 품습니다.

　턱끈펭귄은 알을 품는 동안 알이 차가워지는 것을 막기 위해 한순간도 둥지를 떠나지 않습니다. 심지어 똥(과 오줌이 섞인 상태의 배설물)도 둥지 안에서 해결합니다. 둥지에 그대로 앉은 채 둥지 밖을 향해 사방팔방으로 똥을 날

리며 싸는 것이죠.

  턱끈펭귄의 똥은 기세 좋게 40cm 밖으로 비교적 멀리 날아갑니다. 당연히 근처에 다른 턱끈펭귄이 있다면 건너편 둥지로부터 날아온 똥을 그대로 뒤집어쓰게 됩니다. 턱끈펭귄은 성미가 급해서 버럭 화를 낼 것 같지만…. 어차피 모두 둥지 안에서 똥을 누며 지내기 때문에 이 일로는 서로 다투지 않는 모양이에요.

폐어

- 이름: 호주폐어
- 분류: 경골어강
- 분포: 오스트레일리아
- 크기: 길이 2m

물고기인데
익사합니다

헉헉헉헉헉헉
헉헉헉헉헉헉헉
헉헉헉헉헉

물고기는 보통 아가미로 물속의 산소를 흡수하여 호흡합니다. 그런데 다 자란 폐어는 '부레'라는 공기주머니로 호흡합니다. 이 호흡법으로는 물속의 산소를 흡수할 수 없기 때문에, 몇 시간 간격으로 물 밖에 나와 따로 아가미 호흡을 해야 해요. 그렇지 않으면 익사해 버리고 맙니다.

한편, 폐어는 물이 적은 곳에서도 살아남을 수 있습니다. 점막을 이용해 고치처럼 몸 주변을 에워싼 다음, 폐로 호흡하며 흙 속에서 잠을 잔답니다. 즉, 물이 풍부한 우기에는 물속에서 지내며 아가미로 호흡하고, 물이 부족한 건조기에는 모래펄에서 부레로 호흡하는 것이지요.

오리너구리

눈물 레벨 💧💧💧

- ◆ 이름 : 오리너구리
- ◆ 분류 : 포유강 오리너구리과
- ◆ 분포 : 오스트레일리아 동부, 태즈메이니아
- ◆ 크기 : 길이 31~40cm

모조품으로 오해받았습니다

오리너구리는 알을 낳는 포유류입니다. 오리를 닮은 부리, 비버를 닮은 꼬리, 수달을 닮은 발이 특징이지요. 다리는 짧고, 발에는 갈고리처럼 생긴 발톱과 물갈퀴가 달렸습니다.

이런 묘한 외모 때문에 벌어진 해프닝이 있습니다. 영국 대영박물관의 조지 쇼 박사는 어느 동물의 모피를 받았습니다. 그것이 무슨 동물인지 몰랐던 박사는 그 모피가 가짜라고 생각했습니다. 사실 오리너구리의 표본이었는데 말이에요. 박사가 표본의 주둥이를 가위로 자르려다 보니, 인위적으로 이어 붙인 흔적이 없었어요. 결국 박사는 표본을 진짜로 인정했답니다.

눈물 레벨	# 비단뱀	◆ 이름 : 그물무늬비단뱀 ◆ 분류 : 파충강 뱀목 ◆ 분포 : 한국, 일본 ◆ 크기 : 길이 5~7m

그다지 쓸모없는 다리가 달렸습니다

하찮아!

옛날 뱀은 다리가 있었다는 걸 아나요? 지금도 다리의 흔적이 남아 있는 뱀이 비단뱀입니다. 몸과 꼬리 사이에 'spur(스퍼)'라고 불리는 발톱 같은 부분이 있는데, 이것이 다리가 있었던 흔적입니다. 비단뱀은 이 부위를 움직일 수는 있지만, 걷는 데 사용할 수는 없습니다. 다만, 짝짓기를 할 때 수컷이 암컷의 등을 할퀴어 재촉하는 데 쓰는 것으로 보입니다.

참고로 비단뱀을 뒤집어 보면, 비늘이 한 장씩 이루어진 부분까지가 배, 그곳에서부터 끝까지 비늘이 두 장씩 이루어진 부분이 꼬리입니다. 다리는 그 경계선에 있습니다.

눈물 레벨 💧💧💧	# 염소

- ◆ 이름 : 염소
- ◆ 분류 : 포유강 우제목 소과
- ◆ 분포 : 한산지
- ◆ 크기 : 체중 20~25kg

수컷인데 젖이 나왔습니다

웅성 웅성

새끼 세 마리를 둔 어느 어미 염소가 병에 걸려 젖이 나오지 않게 되었습니다. 새끼 염소들은 젖을 먹고 싶어서 메에, 메에, 울었습니다. 그 소리가 자극이 된 것인지 글쎄, 새끼들의 아비 염소에게서 갑자기 젖이 나왔지 뭐예요!

  실은 이 아비 염소의 아비 염소도 과거에 같은 상황에 젖이 나왔다고 합니다. 즉, 부모와 새끼까지 2대에 걸쳐 수컷 염소의 몸에서 젖이 난 것입니다. 하지만 동물 세계에서도 자식은 부모의 마음을 모르는 것인지 새끼 염소들은 아비 염소의 젖을 끝내 절대 먹지 않았다고 합니다.

감동 실화
4 아픔을 견딘 피고

 안내견 피고

  2015년 6월 8일, 시각 장애인을 돕는 안내견이 스쿨버스에 깔린 주인을 구하는 일이 일어났습니다.
  미국 뉴욕 주 남부에 있는 브루스터라는 마을에 오드리 스톤이라는 사람이 있었습니다. 눈이 불편했던 스톤은 골든 리트리버 종의 안내견 피고와 함께 살고 있었습니다. 피고의 도움을 받지 못하면 일상 생활에 지장을 느낄 정도였지요.

 갑작스러운 교통사고

목격자의 증언에 의하면 스톤과 피고가 함께 도로를 건널 때 스쿨버스가 덮쳐 왔다고 합니다. 피고는 스톤의 오른편에 있다가 위험이 닥쳐온 것을 알아차렸을 것입니다. 하지만 버스가 속도를 늦추지 않고 계속 달려온 탓에, 스톤과 피고는 그대로 버스에 깔리고 말았습니다. 타이어에는 피고의 털이 붙어 있었습니다. 스쿨버스 운전사가 버스 안에 있던 두 아이에게 정신이 팔려 시선을 돌린 순간 일어난 사고였습니다.

 아픔을 견디며 주인을 돕다

피고는 앞다리가 부러진 상태였기 때문에 분명 심한 통증이 있었을 것입니다. 하지만 피고는 자신의 이름을 불러 주는 주인 스톤의 곁을 떠나지 않고 옆에 있었습니다. 마치 더 나쁜 일이 일어나지 않도록 주인을 끝까지 지키겠다는 듯이 말이에요.

목격자의 말에 따르면, 피고는 아픔을 견디면서 부러진 다리를 제외한 남은 세 다리로 일어섰습니다. 그러고는 쓰러진 스톤의 옷을 물어 당겨 스톤을 안전한 장소로 대피시키기 위해 안간힘을 썼다고 전해져요.

 필사의 응급처치

 사고 소식을 들은 브루스터 소방대가 급히 현장에 도착했습니다.
 소방서장인 모 데 산티스는 가장 먼저 현장에 달려와 구급차로 스톤을 병원에 이송했습니다. 그리고 피고의 몸을 붕대와 막대기로 고정하며 응급 처치를 했지요.
 그런데 자세히 보니, 피고의 목걸이에 어느 동물병원의 이름이 적혀 있는 게 아니겠어요? 그래서 산티스는 그 자리에서 연락해 피고를 신속하게 해당 동물병원에 데려갔습니다.
 한편, 스톤은 갈비뼈 세 대와 복사뼈, 그리고 팔꿈치 뼈가 부러졌다는 진단을 받았습니다. 즉시 코네티컷 주 단베리 병원에 입원해 치료를 받고 차츰 몸이 회복되었지요. 이후 스톤은 사고 당시 자신의 곁을 지켜 준 피고에 대해 이렇게 말을 남겼어요.
 "피고에게 진심으로 감사한 마음입니다. 피고가 목숨을 건져서 정말 다행이에요. 진심으로 사랑하는 우리 피고와 앞으로도 같이 지낼 겁니다."
 평소 피고가 다니던 동물병원의 수의사, 루 앤 파이퍼는 피고가 스톤 곁을 지켰던 원인에 대해 이런 의견을 밝혔습니다.
 "필사적으로 주인을 지킨 피고의 행동을 의학적으로 정확하게 설명하기는 어렵습니다. 다만 추측해 보건대 주인을 향한 피고의 무한한 사랑 때문에 이런 일이 가능하지 않았을까 조심스럽게 생각해 봅니다."

4 아픔을 견딘 피고

서로 다른 병원에 입원해 있는 동안, 피고와 스톤은 매일 영상을 통해 서로의 상태를 묻고 확인했다고 합니다. 진심으로 서로를 위하며 사랑하는 주인과 반려견 사이에서는 이런 모습도 볼 수가 있네요.

감동 실화

은혜 깊은 고양이

5

 새끼 고양이를 구한 군인

    사람과 마음이 서로 통하는 반려동물은 개뿐만은 아닙니다. 제멋대로 행동한다고 여겨지기 십상인 고양이도 사실 주인을 향해 세심한 애정을 보이기도 합니다. 심지어 반려묘가 사람의 목숨을 구하는 경우도 있지요. 여기에 그런 한 예가 있습니다. 미국에서 군인으로 일했던 제시 노트 중사는 자신이 목숨을 구해 주고 길러 오던 고양이에게 도움을 받아 목숨을 건졌습니다.

    2010년 7월의 어느 날, 노트 중사는 아프가니스탄의 후탈이라는 마을에 파

병된 상태였습니다. 그는 기지에서 새끼 고양이 한 마리를 만났습니다. 몸집이 작고 비쩍 마른 데다 여기저기에 상처가 있었습니다. 먹이를 제대로 먹지 못한 것은 분명해 보였고, 다른 동물에게 심한 공격을 받았거나 사람에게 학대를 당했을 가능성도 있었지요.

원래 고양이를 몹시 좋아했던 노트 중사는 새끼 고양이를 도저히 두고 갈 수 없었습니다. 그래서 규칙 위반이라는 걸 알면서도 새끼 고양이를 기지 안에서 키우기로 하고, 새끼 고양이에게 '코시카(러시아어로 고양이라는 뜻)'라는 이름을 붙였습니다.

 전쟁으로 전우를 잃다

그 뒤 5개월쯤 지난 어느 날. 노트 중사의 두 전우가 자살 폭탄 테러에 휩쓸려 목숨을 잃었습니다. 늘 함께 지내던 전우를 잃은 노트 중사는 충격에 빠져 매일 눈물을 흘렸습니다.

게다가 힘든 일이 연이어 일어났습니다. 미국에 있는 아내가 이혼을 요구한 것입니다. 노트 중사는 절망의 구렁텅이에 빠졌습니다.

"이런 내가 살 가치가 있나…."

그리고 세상을 등지고 싶다는 생각을 늘 떠올리게 되었습니다.

곁을 지켜 준 코시카

 노트 중사에게 구원의 손길을 내민 것은 코시카였습니다. 자유 시간에 잠만 자던 그의 위로 올라가, 가슴에서 어깨, 얼굴까지 다가가더니 앞발로 이마를 툭툭 쳤지요. 마치 "괜찮아." 하고 위로하는 듯한 동작이었습니다. 그러면서 들어 본 적 없는 낮은 소리로 울었습니다. 이런 일이 하루에 몇 번이고 반복되었습니다. 이 무렵 노트 중사 곁에는 늘 코시카가 있었습니다.

새로운 보람을 발견하다

 얼마 지나지 않아 노트 중사는 이렇게 생각하게 되었습니다. '코시카를 데리고 이곳을 떠나자. 키우기 좋은 환경에서 코시카를 계속 길러야겠어.'
 이 생각으로 노트 중사는 다시금 삶을 이어갈 의지를 되찾았습니다. 노트 중사는 아프가니스탄의 동물보호 단체에 연락했고, 동물보호 단체 직원이 코시카를 후탈에서 카불까지 옮겨 주었습니다.
 이렇게 해서 코시카는 미국의 오리건 주 오리건시티에 있는 노트 중사의 고향집에서 함께 살아가게 되었습니다.

은혜 갚은 고양이 5

 오리건 주의 수상식

코시카 이야기는 오리건 주에서 커다란 화제가 되었습니다. 이를 알게 된 미국 동물학대 방지협회가 코시카를 '2013년 올해의 고양이(Cat of the year)'에 선출했습니다. 뉴욕에서 열린 수상식에 자리를 빛낸 코시카는 자랑스러운 표정을 띠었습니다. 시상 이유는 다음과 같았습니다.

"노트 중사가 코시카의 목숨을 구한 건 분명합니다. 그렇지만 코시카가 그의 목숨을 구하고 그에게 살아갈 희망을 준 것도 분명한 사실이에요."

상자에 든 아기

들고양이 마샤

　동물들은 가끔 신기한 모성 본능을 드러낼 때가 있습니다. 개나 고양이가 같은 종의 다른 개체의 새끼를 대신 도맡아 기르는 일은 종종 볼 수 있습니다. 반면에 전혀 다른 종류의 동물(예를 들면 인간 같은)의 아이를 지키는 경우도 극히 드물긴 하지만 있지요.

　감동적인 이번 사연의 무대가 된 곳은 러시아의 모스크바에서 남서로 약 100km 떨어진 칼루가 주의 오브닌스크라는 마을입니다.
　이 마을의 어느 아파트 주변에 들고양이 한 마리가 살았습니다. 애교가 많아서 아파트 주민이나 근처 사람들과도 사이가 좋았습니다. 롱 헤어 고양이 '마샤'로, 이 이야기의 주인공입니다.

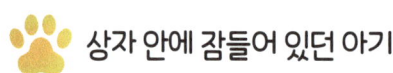
상자 안에 잠들어 있던 아기

　2015년 1월의 어느 날. 오브닌스크는 영하의 날씨였습니다. 아파트의 주민인 이리나 라브로와는 그날을 이렇게 회상했습니다.
　"평소 마샤는 온순하고 사람을 잘 따라서, 제 방에도 인사하러 올 정도였습니다. 그런데 그날은 마샤의 우는 소리가 평소와 달라서 마샤가 다친 게 아닌가 싶었어요."

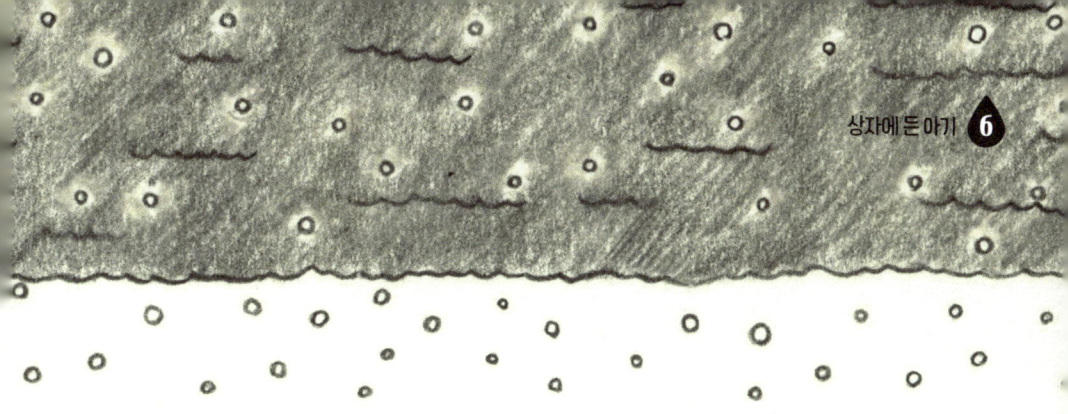

상자에 든 아기 6

 이리나가 방 밖으로 나가자, 마샤가 따라오라는 듯한 태도를 보였다고 합니다. 뒤를 따라가 보니, 건물의 바깥 계단 아래에 골판지로 된 상자가 놓여 있었습니다. 마샤는 상자 안으로 기어들어갔습니다. 이리나는 마샤의 움직임을 따라 자연스럽게 상자 쪽으로 눈길이 갔고, 상자 안을 자세히 들여다보았습니다. 그랬더니 상자 안에 아기가 누워 있는 게 아니겠어요? 게다가 마샤가 상자 안의 아기 옆에 누운 모습에 더욱 놀랐다고 합니다.
 마샤는 긴 털을 이용하여 아직 몸집이 작은 아기를 감싸듯 누워서, 아기의 얼굴을 할짝할짝 핥고 있었습니다. 아기는 깨끗한 옷을 입고 있었고, 상자 안에는 아기를 기르는 데 필요한 기저귀와 음식물이 함께 들어 있었습니다.

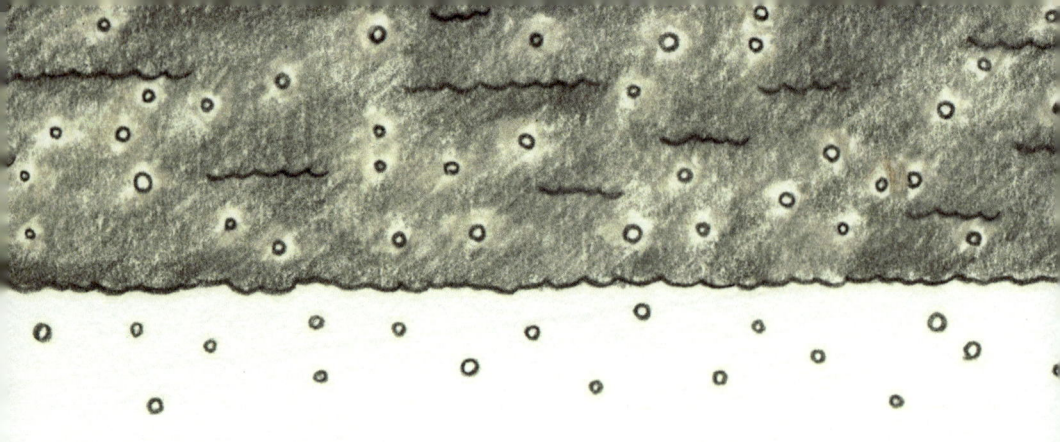

아기를 어디로 데려가는 거야?

잠시 후, 또 다른 아파트 주민인 나데즈바 마코비코바가 밖으로 나왔습니다. 나데즈바 역시 마샤의 울음소리를 듣고 의아한 생각이 들었다고 합니다. 상자를 발견한 나데즈바는 이리나와 함께 즉시 소방서에 신고했습니다.

현장에 달려온 구급대원 웨라는 당시를 떠올리며 이렇게 말했습니다.

"마샤가 마치 '아기를 어디로 데려가려는 건가' 걱정하는 듯이 보였어요. 저희가 아기를 구조하는 동안, 마샤가 계속 저희 구조대의 등 뒤에서 울음소리를 내고 있었거든요."

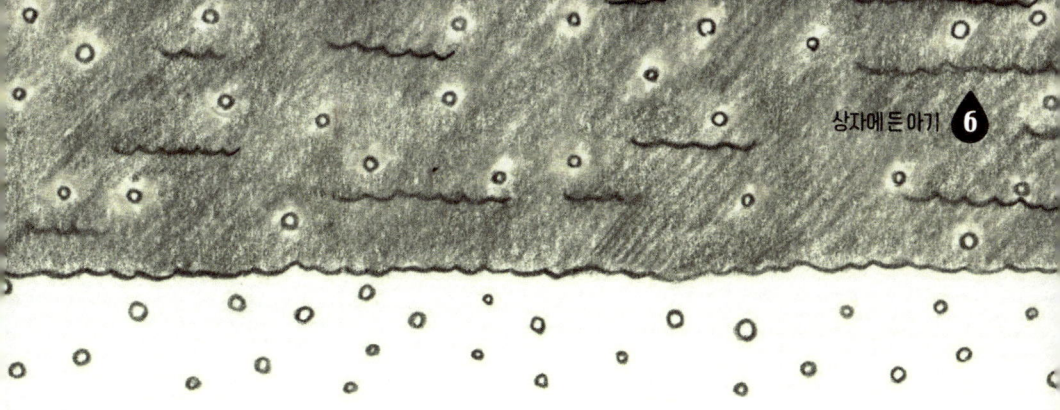

그러다가 웨라가 아기를 안아 구급차로 데려가려 하자, 마샤가 웨라를 뒤쫓아 쏜살같이 달려왔다고 합니다.

 **마샤의 모성 본능?**

병원으로 아기를 무사히 이송하여 살펴보니, 아기는 생후 2~3개월 정도의 남자아이였습니다. 여러 가지 정밀 검사를 한 끝에 다행히 아기에게 이상이 없다는 결과도 나왔지요.

맨 처음 아기를 발견했던 이리나는 이런 말을 남겼습니다.

"마샤는 모성 본능으로 아기를 지켜 줬어요. 이 일이 있고 나서, 아파트 사람들 모두 마샤에게 날마다 맛있는 걸 줘요. 우린 상냥한 마샤를 자랑스럽게 생각해요. 마샤는 영웅이에요."

마샤가 아기를 구한 건 '모성 본능' 때문이었을까요. 무슨 이유 때문인지 확실하게 밝혀진 건 없지만, 마샤뿐만 아니라 아기의 목숨을 구하는 고양이들의 소식이 종종 들려올 때가 있습니다. 정말 신기한 일이지요.

착각이 불러온 눈물 나는 이름

사실과 다르지만···.

착각 때문에 그다지 사실과 관계없는 이름이 붙은 생물들입니다.

파랑새 (일본어 이름은 붓뽀소)

일본에서는 파랑새를 '붓뽀소'라고 합니다. '붓뽀소'라고 우는 것처럼 들려 이런 이름이 붙었다고 해요. 하지만 그렇게 우는 새는 소쩍새였습니다.

아이아이원숭이

현지 사람들이 생김새가 특이한 이 원숭이를 잡고 '아이아이!'라고 기쁨의 소리를 질렀더니, 그대로 이름이 되었다는 말이 있습니다.

칠성장어 (일본어 이름은 팔목장어)

일본에서는 몸의 측면에 눈이 여덟 개 달린 것처럼 보여 '팔목(八目)장어'라고 합니다. 그러나 하나는 눈이고, 나머지 일곱 개는 아가미입니다.

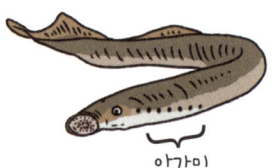

붉은쏨뱅이 (일본어 이름은 무심코쏨뱅이)

일본에서는 붉은쏨뱅이를 '무심코쏨뱅이'라 부릅니다. 무심코 보면 쏨뱅이 같지만 쏨뱅이와는 구별되는 종이거든요. 하지만 이 이름 탓에 무심한 성격의 물고기로 인식된다고 해요.

인드리여우원숭이

마다가스카르에 사는 원숭이로, 현지 사람이 이 원숭이를 손가락으로 가리키며 '인드리아(거기에 있다)!'라고 한 데서 이름이 유래되었다고 해요.

눈물 나는 공룡·고생물

공룡이나 고생물은 강하고 멋있다?

고정관념을 깨는 특징과 사연을 소개합니다!

> 이마이즈미 다다아키 선생님의 말

공룡 및 고생물의 수수께끼를 밝힙니다

　공룡의 존재는 1841년까지만 해도 아무에게도 알려지지 않았습니다. 그러다 메갈로사우루스와 이구아노돈의 화석이 발견되자 영국의 생물학자 리처드 오웬이 이를 조사했지요. 곧이어, 먼 옛날에는 지금의 파충류와는 전혀 다른 거대한 파충류 무리가 살고 있었다는 것을 밝혀 내고, 그것에 '무서운 도마뱀(Dinosaur)'이라고 이름을 붙였습니다.

　그런데 공룡 화석에는 골격과 피부까지 나오는 경우가 드물었습니다. 그래서 공룡의 모습과 비교적 가까운 악어를 참고하여 공룡의 모습을 복원하게 되었지요. 그러니 엄밀히 따지면 공룡이 진짜로 어떤 모습이었는지는 아무도 알 수 없다는 거예요. 어쩌면 공룡은 우리들이 지금까지 생각했던 것과 완전히 다른 모습을 하고 있었을지도 모릅니다.

다만 우리가 확실히 알 수 있는 건 공룡의 멸종 시기입니다. 6600만 년 전에 조류를 제외한 모든 공룡이 멸종된 것만은 분명해요. 공룡이 멸종한 이유는 지구에 운석이 충돌해서 급격히 기온이 떨어진 것이 원인이라는 것 이외에도 여러 가지 가설이 있지만 확실하진 않습니다.

1억 7000만 년 이상 지구를 지배하던 공룡이 사라진 자리에는, 멸종 위기에서 살아남은 조류와 포유류가 번성하기 시작했습니다. 그 덕분에 우리 인류도 등장할 수 있었지요. 그럼 이제 공룡을 비롯한 고생물의 눈물 나는 이야기를 시작하겠습니다.

오비랍토르

눈물 레벨 ♦♦♦

- ◆ 이름 : 오비랍토르
- ◆ 생존 시기 : 백악기 후기
- ◆ 화석 발굴지 : 몽골, 중국
- ◆ 크기 : 길이 1.6~2m

알 도둑이라는 뜻의 이름이 붙었습니다

머리에는 볏이 있고 부리와 비슷한 주둥이를 가져, 오늘날의 새와 닮은 오비랍토르. 오비랍토르라는 이름에는 '알 도둑'이라는 뜻이 있습니다.

그 이유는 오비랍토르의 화석이 어느 공룡의 둥지 옆에서 발견되었는데, 당시 연구에 따르면 오비랍토르가 다른 공룡의 둥지에 있던 알을 훔치던 중으로 여겨졌기 때문이에요.

그런데 나중에 알고 보니, 이 둥지는 오비랍토르의 둥지였다는 사실이 밝혀졌습니다. 그저 자신의 알을 품고 있었던 거죠.

하지만 생물은 한 번 이름이 붙으면 이름이 바뀌는 일이 없습니다. 그래서 오비랍토르는 오해로 붙여진 이름으로 계속 불리게 된 것이랍니다.

눈물 레벨	# 디플로도쿠스	◆ 이름 : 디플로도쿠스 ◆ 생존 시기 : 쥐라기 후기 ◆ 화석 발굴지 : 북아메리카 ◆ 크기 : 길이 20~35m

목을 높이 들지 못합니다

조금만 더….

디플로도쿠스는 몸이 크고 목이 매우 긴 초식 공룡입니다. 기린처럼 긴 목을 들어 키가 큰 나무의 잎 등을 먹었을 것으로 추정되지요. 그런데 최근의 연구에서는 디플로도쿠스가 긴 목을 거의 들지 못했을 거라는 의견이 나오고 있습니다.

그래도 디플로도쿠스가 목부터 등, 꼬리까지 수평을 이루는 높이까지는 목을 들 수 있었던 모양입니다. 다리로 무게를 받치며 긴 목과 긴 꼬리로 균형을 잡았을 것으로 추측되고 있지요. 마치 자동차가 쌩쌩 달리는 거대한 다리처럼 말이에요!

눈물 레벨	데이노테리움	◆ 이름 : 데이노테리움 ◆ 생존 시기 : 네오기 중기~제4기 중기 ◆ 화석 발굴지 : 유럽, 아시아, 아프리카 ◆ 크기 : 길이 6m

아래턱에 의문의 **엄니**가 있습니다

어느 동물 화석의 일부가 1829년에 발견되었습니다. 당시에는 거대한 하마나 맥 같은 동물의 화석으로 추측되었어요. 이윽고 몸 전체의 화석이 발견되자, 이 동물이 코끼리와 같은 종류라는 것이 밝혀졌습니다. 커다랗고 구부러진 엄니 또한 코끼리의 엄니를 닮은 모습이었지요. 이 화석의 주인에 '데이노테리움'이라는 이름이 붙었습니다.

그런데 1833년에 비교적 상태 좋게 보존된 아래턱의 엄니가 발견되고 나자, 데이노테리움의 엄니는 코끼리의 엄니와 다르다고 결론이 났습니다. 위를 향하는 줄 알았던 엄니가 알고 보니 아래를 향해 자라나는 엄니였거든요.

트리케라톱스

눈물 레벨

- 이름 : 트리케라톱스
- 생존 시기 : 백악기 후기
- 화석 발굴지 : 북아메리카
- 크기 : 길이 6~9m

인기를 위해 장식이 커졌습니다

트리케라톱스는 세 개의 뿔과 프릴(목 장식)이 있는 초식 공룡입니다. 이 뿔과 프릴은 티라노사우루스 등의 육식 공룡 천적과 싸우기 위해 발달되었다는 설이 있습니다. 하지만 뿔과 프릴의 무게가 목과 어깨에 상당한 부담이 되었을 것이기 때문에, 이 추측에는 의문이 남습니다.

이러한 이유로, 최근에는 트리케라톱스의 뿔과 프릴이 싸움이 아닌 인기를 목적으로 발달된 것이란 추측이 나오고 있습니다. 장식적인 요소가 크면 눈에 잘 띄어 이성의 시선을 끌어당기기 좋거든요.

만약 이 새로운 가설이 사실로 밝혀진다면 육식 공룡과 용감하게 싸움을 벌이던 트리케라톱스의 이미지가 완전히 달라지겠네요.

눈물 레벨

후타바사우루스

◆ 이름 : 후타바사우루스
◆ 생존 시기 : 백악기 후기
◆ 화석 발굴지 : 일본 후쿠시마 현
◆ 크기 : 길이 6.5m

인정받기까지 38년이나 걸렸습니다

일본 후쿠시마 현의 한 고등학생이 1968년에 '후타바 층군'이라는 지층에서 화석을 발견했습니다. 공룡이 살던 시대에 바다에서 번성한 대형 파충류인 수장룡의 화석이었습니다. 그 화석은 '후타바사우루스'라고 불렸습니다.

그런데 이 수장룡이 새로운 종인지 아닌지는 그때까지도 결론이 나지 않았습니다. 이후 세계에서 새로운 수장룡이 발견되었고, 연구가 진행되었습니다. 그 결과, 발견된 지 38년 만인 2006년이 되어서야 후타바사우루스는 새로운 종으로 인정받았습니다.

| 눈물 레벨 💧💧💧 | # 오파비니아 | ◆ 이름 : 오파비니아
◆ 생존 시기 : 캄브리아기
◆ 화석 발굴지 : 캐나다
◆ 크기 : 길이 10cm |

복원된 모습에 사람들이 폭소했습니다

    오파비니아는 지금으로부터 5억 년 전에 바다에서 살던 생물입니다. 몸에는 열 다섯 개의 마디가 있고, 각각 지느러미가 달렸습니다. 머리 끝의 주둥이는 코끼리 코를 닮았는데, 집게발 같은 끝부분으로 먹이를 잡았을 것으로 추측되지요.

  그런데 발견된 화석을 바탕으로 오파비니아의 모습이 처음 복원되었을 당시 잘못하여 위아래 방향이 거꾸로 된 모습으로 알려졌습니다. 이후 올바른 모습으로 수정되어 학회에 발표되었지만…. 자리에 있던 사람들은 오파비니아의 모습이 여전히 별나다 여겼는지 한바탕 폭소하며 웃었다고 합니다.

| 눈물 레벨  | # 티라노사우루스 | ◆ 이름 : 티라노사우루스
◆ 생존 시기 : 백악기 후기
◆ 화석 발굴지 : 북아메리카
◆ 크기 : 길이 12~13m |

가냘픈 목소리밖에 나오지 않습니다

공룡의 왕이라 불리는 티라노사우루스는 거대한 육식 공룡입니다. 별명이 '폭군 도마뱀'인 만큼 난폭하고 강한 이미지로 많은 사람들에게 잘 알려져 있지요.

그런데 티라노사우루스에 대한 연구가 진행되자, 선입견을 바꿀만 한 새로운 이야기가 속속 나왔습니다. 티라노사우루스가 무시무시한 소리로 천적이나 먹잇감을 위협했을 것처럼 여겨져 왔지만, 실제로는 그렇게 커다란 소리는 내지 않았을 거라고 합니다. 울음소리가 '구- 구-' 정도의 귀여운 소리였다

는 것이지요.

 또한, 티라노사우루스가 사냥을 할 때 맹렬한 기세로 먹이를 뒤쫓다가 물어뜯었을 것 같지만, 티라노사우루스가 달리는 속도는 시속 70km나 된다는 설부터 기껏해야 시속 18km였다는 설까지 추측만 분분하고 아직 명확하게 밝혀진 바가 없습니다.

 만약 티라노사우루스의 달리기 속도가 시속 18km에 불과했다면 우리 사람조차도 티라노사우루스에게서 도망칠 수 있었을 거예요!

눈물 레벨	# 글립토돈	◆ 이름 : 글립토돈 ◆ 생존 시기 : 제4기 ◆ 화석 발굴지 : 남아메리카 ◆ 크기 : 길이 2~3m

등딱지 탓에 멸종했습니다

글립토돈은 오늘날의 아르마딜로라는 동물과 먼 친척뻘이지만, 아르마딜로와 구별되는 특징이 있습니다. 공처럼 둥글고 단단한 등딱지에서 거북처럼 머리와 다리를 넣었다 뺐다 할 수 있었지요. 덕분에 육식 동물의 발톱이나 엄니 공격도 막을 수 있었습니다.

글립토돈은 단단한 등딱지로 몸을 지킬 수 있었지만, 나중에는 이 등딱지가 도리어 해가 되었습니다. 사람들이 글립토돈을 잡아다 글립토돈 등딱지로 창이나 물병, 집 짓는 재료 등에 사용했거든요. 사람의 사냥으로 글립토돈은 결국 멸종되었습니다.

| 눈물 레벨 | # 디아트리마 | ◆ 이름 : 디아트리마(가스토르니스)
◆ 생존 시기 : 팔레오기
◆ 화석 발굴지 : 북아메리카, 유럽
◆ 크기 : 높이 2m |

알을 쉽게 도둑맞았습니다

거대한 조류 디아트리마는 날개가 작아 하늘을 날지 못했습니다. 하지만 그 대신에 크고 다부진 몸에 강력한 다리와 커다란 부리를 지녔습니다. 주로 숲에서 식물을 먹고 살았을 것으로 추측됩니다.

하지만 이렇게 튼튼했던 디아트리마도 약 5500만 년 전에 멸종했습니다. 그 이유는 새롭게 등장한 대형 육식 포유류에게 잡아먹혔기 때문일 것으로 추측돼요. 게다가 알을 도둑맞거나 새끼가 잡아먹히는 일이 잦았던 탓에, 개체 수가 특히나 더 크게 줄어들었을 것으로 보입니다.

| 눈물 레벨 ●● | # 프테라노돈 | ◆ 이름 : 프테라노돈
◆ 생존 시기 : 백악기 후기
◆ 화석 발굴지 : 아메리카
◆ 크기 : 날개 펼친 길이 7~9m |

바람이 세게 불면 잘 날지 못합니다

프테라노돈은 7~9m의 커다란 날개를 지녔습니다. 익룡이 번성했던 머나먼 시대에 하늘을 자유롭게 날다가 사냥감을 습격했을 것만 같은 '하늘의 왕자' 이미지가 있지요. 하지만 정작 프테라노돈은 하늘을 나는 데 서툴렀던 모양입니다.

연구에 따르면 프테라노돈의 날개는 펼치면 길지만 날개의 면적이 좁아서 날갯짓을 해도 새처럼 날아오를 수 없었을 것으로 추측돼요. 높은 곳에서 내려오며 날개에 바람을 받아야 비로소 날 수 있었을 것입니다.

또한, 프테라노돈의 날개는 바람의 세기 등에 좌우될 확률이 높았고 스스로 오르내릴 수 없었기 때문에, 바람이 세게 부는 날은 날지 못했을 것입니다.

메갈로사우루스

눈물 레벨

◆ 이름 : 메갈로사우루스
◆ 생존 시기 : 중생대 쥐라기 중기
◆ 화석 발굴지 : 영국
◆ 크기 : 길이 9m

거인으로 오해 받았습니다

그럴 리가 없잖아.

거인…?

세계에서 가장 먼저 이름이 붙여진 공룡은 메갈로사우루스입니다. 1824년에 이름이 붙여졌지요. 메갈로사우루스 화석의 일부는 1676년에 처음 발견되어 그 기록이 남아 있습니다. 하지만 발견 당시에는 그 화석이 코끼리나 전설 속 거인의 뼈 따위일 거라고 여겨졌습니다.

그러다 1818년에 또 다른 화석이 발견되고 나서야 이 생물이 도마뱀과 같은 종류라고 판단되어 '거대한 도마뱀'이라는 뜻의 메갈로사우루스라는 이름이 붙여졌습니다. 그리고 이 생물이 속한 멸종된 거대 파충류를 새롭게 묶어 '공룡'이라고 부르게 되었습니다.

눈물 레벨	# 이구아노돈	◆ 이름 : 이구아노돈 ◆ 생존 시기 : 백악기 전기 ◆ 화석 발굴지 : 아메리카, 유럽, 몽골 ◆ 크기 : 길이 10m

뿔 화석이 아니라 엄지발가락입니다

짜잔!

이구아노돈은 1825년에 세계에서 두 번째로 이름이 등록된 공룡입니다. 이빨 생김새가 이구아나의 이빨과 닮아서 '이구아나의 이빨'이라는 뜻으로 이런 이름이 붙었지요.

 이구아노돈의 화석 가운데 예리하고 뾰족한 화석이 하나 있었습니다. 그런데 이 화석이 어떤 부위인지 아무도 알아내지 못했어요. 복원도 속 이구아노돈은 코끝에 뿔이 있는 모습으로 그려졌지요.

 그런데 이후 이구아노돈의 모든 부위가 포함된 화석이 발견되면서, 그동안 뿔이라고 여겨졌던 화석이 바로 엄지발가락 뼈라는 사실이 밝혀졌답니다.

7 문병 온 개

감시 카메라에 포착된 개

반려동물의 주인을 향한 깊은 사랑이 기적을 불러온 일이 일어났습니다. 미국 아이오와 주 시더래피즈에 있는 머시 메디컬센터 병원, 사만다 콘래드는 경비 직원으로 일하고 있었습니다. 어느 날, 사만다는 여느 때처럼 감시 카메라 촬영 화면을 들여다보다 조금 이상한 점을 느꼈습니다.

"개 한 마리가 화면에 잡혔어요. 동물 출입이 금지된 구역이어서, 그 개가 길을 잃고 헤매다가 들어왔다고 생각해서 즉시 직원들과 함께 출동했어요."

직원들이 로비에 있는 엘리베이터 홀에 다다르자 그곳에는 미니어처 슈나우저가 앉아 있었습니다. 사만다가 다가가 손을 내밀자 슈나우저는 사만다의 손을 할짝할짝 핥았습니다.

사만다는 그 자리에서 슈나우저를 안고 경비실로 데려가 살펴보았습니다. 그러자 목걸이에 적힌 주인의 이름과 주소, 전화번호가 발견되었습니다. 사만다 역시 개를 기르고 있던 처지라 슈나우저의 주인이 걱정하고 있을까 봐 주인에게 바로 연락을 했지요.

그리고 슈나우저가 사는 곳이 병원에서 20블록 떨어진 곳이라는 사실을 알게 되었습니다.

 암 수술 차 입원한 아내

알고 보니 슈나우저의 주인은 데일 프랑크라는 남자였습니다. 그는 아내 낸시, 그리고 미니추어 슈나우저인 바니, 시시와 함께 시더래피즈에 살고 있었습니다.

2015년 2월, 데일은 아내 낸시가 건강이 나빠져 병원에 데리고 갔고, 낸시는 난소암이라는 진단을 받았습니다. 다행히 수술을 받으면 목숨은 건질 수 있다고 하여 머시 메디컬센터 병원에서 수술을 받기로 결정이 되었지요. 그렇게 해서 낸시는 이 병원에 입원해 있던 차였습니다.

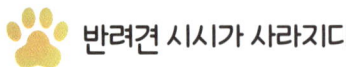 **반려견 시시가 사라지다**

아내 낸시가 입원 중이던 어느 날, 데일은 반려견 바니와 시시를 데리고 산책을 나갔습니다. 그런데 집에 돌아온 지 얼마 지나지 않아 시시의 모습이 보이지 않는다는 걸 깨달았습니다. 시시가 행방불명이 된 것입니다. 데일은 그 무렵의 상황을 이렇게 설명했습니다.

"시시는 며칠 동안 안절부절못했습니다. 어딘가 가고 싶어서 견딜 수 없는 모습이었어요. 오랫동안 밖에 나가서 놀지 못했던 차여서 그날은 개들을 데리고 산책을 가기로 한 겁니다."

 **다시 만나 기뻐하는 시시와 낸시**

다음 날 데일은 머시 메디컬센터 병원의 사만다로부터 전화를 받은 것이었지요. 입원한 아내 낸시에 대한 전화가 아니었고, 반려견 시시가 병원에 있다는 소식을 전해 들었습니다.

데일이 딸 사라와 함께 시시를 데리러 갔을 때, 시시는 경비실에 얌전히 앉아 있었습니다. 그리고 집에 돌아오기 전에 시시는 병원으로부터 낸시와의 만남을 특별히 허락 받았습니다. 시시는 대단히 기뻐 보였다고 합니다. 그리고 이 소식에 가장 놀란 사람은 아무것도 모른 채 병실에 가만히 누워 있던 낸시였지요.

　슈나우저는 특히 후각이 뛰어난 견종으로 알려져 있습니다. 그렇기는 하지만, 시시가 한 번도 가 본 적도 없는 병원에 단번에 갈 수 있던 이유는 아직 아무도 알아내지 못했습니다.
　아마도 주인인 낸시가 잘 지내고 있는지를 자신의 눈으로 확인해야겠다는 생각이 들어서, 그 길로 낸시의 흔적을 부리나케 쫓아왔던 건 아닐까요. 어쨌든 반려견 시시는 우리들이 상상하기 힘든 크나큰 기적을 일으켰습니다.

감동 실화

8 뱀에 맞선 고양이

 용감한 고양이, 오레오

  2017년 12월, 아주 용감한 고양이가 세계적으로 화제가 되었습니다. 미국의 플로리다 주 올랜도에 사는 피터슨 가족이 고양이를 키우고 있었는데, 이 고양이가 아이를 방울뱀으로부터 지킨 것입니다.
  이 고양이의 이름은 오레오. 하얀색과 검은색의 대비되는 빛깔로 이루어진 털이 멋진 수고양이입니다.

  이야기는 한 달 전으로 돌아갑니다. 2017년 11월의 어느 날, 오레오는 마당에서 노는 열 살배기 제이든을 여느 때처럼 지켜보고 있었습니다. 제이든이 태어났을 때부터 오레오와 함께였기 때문에 둘은 무척 사이가 좋았지요.
  그런데 갑자기 오레오가 묘한 움직임을 보였습니다. 제이든이 노는 데 정신이 팔린 사이, 그로부터 조금 떨어진 곳에 방울뱀이 있다는 걸 발견해 낸 거예요!
  오레오는 제이든이 달아날 시간을 벌려고 생각이라도 한 듯 곧장 달려가 방울뱀과 맞섰습니다. 제이든과 뱀 사이를 벽처럼 든든히 막아서서 제이든을 방울뱀의 위험으로부터 지킨 것입니다.

🐾 제이든의 간병

결국 오레오는 방울뱀의 날카로운 이빨에 다리를 한 군데 물려서 바로 동물 병원에 실려 갔습니다. 오레오가 치료를 받는 동안 제이든은 계속 오레오 곁을 지켜 주었어요.

제이든의 간병 덕분에 오레오는 금세 건강해졌습니다. 제이든의 할머니 신디는 제이든과 오레오에 대해 이런 말을 남겼습니다.

"제이든에게 크리스마스 선물로 뭘 가지고 싶냐고 했더니 '오레오가 건강해지도록 해 주는 것'이라고 말했어요. 둘은 정말 사이가 좋아요."

감동 실화 9
죽을 뻔한 개의 도전

 구조된 강아지

여러분은 '안락사'라는 말을 알고 있나요? 들개나 들고양이, 그리고 어떤 이유로 가족과 살 수 없게 된 반려동물이 전용 시설로 보내지면, 다시 주인을 찾지 못하게 될 경우 투여된 약물로 죽음을 맞게 됩니다. 우리나라에서는 2020년 한 해 동물보호센터에 들어온 동물 중 2만 7천여 마리가 안락사 처리되어 숨을 거두었습니다.

죽을 뻔한 개의 도전 9

이러한 사실에 마음 아파하며 단 한 마리의 개라도 더 구하려고 노력하는 사람들이 있습니다. 그리고 그러한 노력에 보답이라도 하듯 열심히 살아가는 개도 있지요.

2010년 11월, 일본 히로시마 동물애호센터에 '피스 강아지·재팬'이라는 반려견 구호 단체의 직원이 방문했습니다. 이 직원은 시설에서 우연히 마주친 강아지 한 마리를 안아 올렸습니다. 그러자 강아지는 겁을 먹었는지 바들바들 떨면서 오줌을 지렸습니다. 사실 이 직원은 안락사 처리 될 위기에서 구조된 강아지를 안전한 입양처로 인계하러 왔던 차였습니다.

죽을 위기 직전에 목숨을 건진 이 강아지는 '유메노스케(꿈의 아이)'라는 이름이 생겼습니다. 꿈과 희망이 걸려 있는 강아지에게 무척 잘 어울리는 이름이지요?

 재해 구조견 유메노스케

유메노스케는 재난 구조견 훈련을 받기 시작했습니다. 겁이 많고 사람을 피하던 유메노스케는 주위 사람들에게 사랑을 받으면서 점점 훈련에 익숙해져 갔습니다. 그리고 어려운 훈련도 씩씩하게 견뎌내며 무럭무럭 자랐지요.

3년 후, 유메노스케는 2014년 8월 20일에 발생한 히로시마 토사 재해 구조 현장에 출동할 정도로 성장했습니다. 첫 구조 활동에서 실종자를 찾아내는 공을 세우기도 했지요.

　유메노스케는 그해 또다시 필리핀, 2015년 4월에는 네팔 대지진, 7월에는 타이완의 태풍 피해 현장에 갔습니다. 2016년 4월에는 일본 구마모토 지진 당시에도 활약했어요.
　현재 유메노스케는 누가 봐도 늠름한 재난 구조견이 되었습니다. 사람 손에서 바들바들 떨며 오줌을 지렸던 강아지의 모습은 사라졌지요.

 **또 다른 기적**

　그러던 2018년 4월 22일, 『산요 신문』에 유메노스케와 같은 도전을 하는 시바견 '아이짱'에 관한 기사가 실렸습니다. 아이짱은 2016년 11월 길을 잃고 오카야마 동물보호센터에 수용되어, 사람을 무서워했고 사람이 만지려 하면 물던 개였습니다. 그래서 입양되기 어렵다는 판단 하에 안락사 되는 쪽으로 가닥이 잡혀 있었습니다. 안락사까지 얼마 남지 않은 어느 날, '행복의 씨앗들'이라는 동물 구호 단체의 이사장이 센터를 방문했고 처음 아이짱을 만났습니다.
　이 만남이 아이짱의 운명을 크게 바꿨습니다. 이사장이 센터에 매일 다닌 결과, 아이짱을 입양하게 된 것이죠. 게다가 어떤 후원자가 "애정과 훈련을 받은 개가 사람들에게 도움이 되는 존재가 될 수 있다는 가능성을 보여 주면 좋겠습니다."라는 의견을 남겨, 아이짱은 경찰견 훈련을 받게 되었습니다.
　2017년 1월에 시작된 훈련은 순조롭게 진행되었습니다. 근처 공원에서 놀

죽을 뻔한 개의 도전 9

던 아이들이 "힘내!"라고 아이짱을 응원해 주기도 했지요.

2018년 4월 25일, 아이짱은 경찰견 시험에 도전했습니다. 안타깝게도 결과는 불합격이었지만, 계속 도전할 예정이라고 합니다. 아이짱이 합격해서 현장에서 활약할 날을 응원해 주세요!

외우지도 못할 정도로 긴 이름이 있다?
너무 길어서 눈물 나는 이름

> 이름이 너무 길어서 사람들이 잘 기억하지 못하는 생물들입니다.

16글자 류우큐우쥬우산호시오오기노코무시
(リュウキュウジュウサンホシオオキノコムシ, 琉球十三星大茸虫)

우리말로 직역하면 '류큐에 서식하고 13개의 반점이 있는 왕버섯벌레'라는 곤충입니다. 일본의 오키나와, 아마미 등에 서식하며 버섯을 주로 먹습니다.

18글자 류규노오토히메노모토유이노키리하즈시
(竜宮の乙姫の元結いの切り外し)

'용궁 공주의 머리끈 자른 것'이라는 뜻의 이름이 붙은 이 해초는 일본에서 가장 긴 식물(해초)의 이름입니다. 우리나라에서는 '거머리말'이라는 간단한 이름으로 불립니다.

18글자 캐롤라이나 다이아몬드백 테라핀 콘센트릭

미국 북동부와 남부에 서식하는 거북이 종으로, 해수와 담수가 만나는 습지에 주로 살아갑니다. 우리나라에서는 '다이아몬드백 테라핀'이라는 이름으로 주로 불립니다.

19글자 사우스이스트아시안 블랙스트라이프 도티백

동남아시아의 산호초나 암초에 사는 물고기로, 우리말 이름이 없습니다. 이름이 너무 길어서 보통은 '브라운밴디드도티백'이라고 불리지만, 이 이름도 길군요….

23글자 가노우모빅쿠리미토키하니도빅쿠리사사키리모도키
(カノウモビックリミトキハニドビックリササキリモドキ)

우리말로 '가능한 놀라고 때로는 두 번 놀라는 사사키리모도키'라는 긴 이름입니다. 일본 중부 지방의 너도밤나무 숲 등지에 사는 곤충으로, 메뚜기 종류인 '어리쌕쌔기'의 일종입니다.

눈물 나는 식물

평화롭게 사는 것처럼 보여도
거칠게 살아가는 식물들을 소개합니다!

> 이마이즈미 다다아키 선생님의 말

식물의 삶도 힘듭니다

 산이나 숲, 들에 펼쳐진 드넓은 초록빛을 본 적이 있나요? 때때로 상쾌한 바람이 불어오면 잎사귀가 흔들리고 시간도 여유롭게 흘러가는 듯 느껴집니다.

 동물의 세계는 먹고 먹히는 가혹한 세계지만, 식물의 세계는 왠지 평화로워 보인다고 생각하는 사람이 많을 거예요. 하지만 사실은 동물의 세계와 마찬가지로 식물의 세계 역시 가혹한 생존 경쟁이 있습니다.

 식물은 많은 씨앗을 뿌리지만 씨앗이 가장 먼저 떨어진 곳이 어디인지에 따라 씨앗의 운명이 결정됩니다. 바위 위에서는 뿌리를 내릴 수 없고, 눈에 띄는 장소에 떨어지면 즉시 동물의 먹이가 됩니다.

　다행히 뿌리를 내리고 잎이 난다고 해도, 그다음에는 다른 식물과 경쟁해야 합니다. 상대 식물이 먼저 자라면 이쪽 식물이 자랄 자리가 그늘지거나 토양의 양분을 빼앗길 수도 있거든요. 그래서 식물이 살아남는 일은 의외로 힘듭니다.

　식물 역시 동물처럼 살아남아서 많은 자손을 퍼뜨리는 것이 임무입니다. 조금이라도 효율이 좋은 것이 살아남기 때문에 어떤 식물의 특징은 서서히 바뀌기도 합니다. 이 변화를 '식물의 지혜'라고 말하는 사람도 있지만, 자연의 섭리에 따라 생겨나는 것이지요.

파리지옥

눈물 레벨 💧💧💧

- ◆ 이름 : 파리지옥
- ◆ 분류 : 식물계 끈끈이귀개목
- ◆ 분포 : 북아메리카
- ◆ 높이(길이) : 15~20cm

잎을 여러 번 움직이면 시듭니다

파리지옥은 북아메리카가 원산지로, 잘 알려져 있다시피 곤충을 잡아먹는 식충 식물입니다. 조개처럼 벌린 잎 가장자리에는 여러 개의 날카로운 가시가 늘어서 있는데, 이 커다란 잎의 안쪽에 파리나 개미 등의 곤충이 들어오면 0.5초의 빠른 속도로 잎을 닫아서 먹이를 잡습니다. 잡힌 먹잇감은 잎에 눌린 채 한두 시간 만에 파리지옥이 분비한 소화액에 분해되어 버리고 말지요.

파리지옥의 잎의 안쪽에는 보통 세 개의 가시(감각모)가 있습니다. 곤충 등 먹잇감이 이 가시에 두 번 닿으면 재빨리 잎이 닫히는 구조입니다. 파리지옥

은 원래 기본적으로 광합성도 할 수 있기 때문에, 시드는 일이 거의 없어요.
　이렇게나 강력한 파리지옥도 약점이 있습니다. 그것도 무시무시하게 생긴 가시 달린 잎에 말이지요. 파리지옥이 이 잎을 재빨리 닫기 위해서는 엄청난 에너지가 필요합니다. 그런데 만약 잎 안쪽 가시가 여러 번 자극되어 잎을 벌렸다 닫는 일이 너무 많이 반복되면, 잎이 금세 지쳐 버린 나머지 검게 시들고 만답니다.

눈물 레벨

뱅크시아

- 이름 : 뱅크시아
- 분류 : 식물계 프로테아목
- 분포 : 오스트레일리아
- 꽃의 크기 : 10cm

산불에 굴하지 않습니다

빨리 불이 났으면 좋겠는데.

뱅크시아는 오스트레일리아가 원산지인 나무입니다. 유칼립투스 등의 나무와 풀이 드문드문 자라는 건조한 지역에서 주로 자라납니다. 이런 건조한 지역의 식물에게 가장 큰 위험은 화재입니다. 유칼립투스의 기름에서, 또는 나무끼리 서로 스치는 일로 자연적인 화재가 종종 나거든요.

일단 화재가 일어나면 대부분의 식물은 타 버립니다. 그런데 뱅크시아 가운데 몇 종류는 불이 나면 씨앗 껍질이 벗겨지며 씨앗을 틔울 수 있습니다. 화재가 지나가고 아무것도 남지 않은 황량한 땅에 뱅크시아 씨앗들이 뿌려져 성장하지요.

눈물 레벨 	# 겨우살이	◆ 이름 : 겨우살이 ◆ 분류 : 식물계 단향목 ◆ 분포 : 유럽, 아시아 ◆ 길이 : 20~40cm

똥 범벅이 되어야 살 수 있습니다

"어서 날 먹어 줘."

겨울에 너도밤나무 등의 나무가 잎을 떨구면, 새의 둥지를 닮은 동그란 물체가 모습을 드러내는 경우가 있습니다. 이는 '겨우살이'라는 기생 식물입니다. 봄에 꽃이 피고 가을부터 겨울까지 열매를 맺지요.

겨우살이의 열매는 산새들이 좋아하는 먹이입니다. 그런데 열매 속에 든 씨가 끈적끈적한 액체에 둘러싸여 있어 소화되지 않고 새가 똥을 눌 때 그대로 배출되지요. 겨우살이 씨는 끈적이는 성질 덕분에 나무에 붙어 나무 속으로 뿌리를 내리고, 싹이 돋아 성장합니다. 겨우살이가 살기 위해서는 먼저 씨가 똥 범벅이 되어야 하는 것이죠.

| 눈물 레벨 | 라플레시아 | ◆ 이름 : 라플레시아 아르놀디
◆ 분류 : 식물계 라플레시아속
◆ 분포 : 인도네시아, 필리핀 등 아열대 지역
◆ 길이 : 꽃 90~100cm |

똥 냄새가 납니다

세상에서 꽃이 가장 커다란 식물로 유명한 라플레시아는 동남아시아에서 자라납니다. 라플레시아는 20여 가지의 종류가 있는데, 그중 '라플레시아 아르놀디'라는 종은 꽃의 크기가 1m가 넘습니다. 꽃만 있고, 뿌리나 줄기는 없습니다.

이 꽃은 왠지 으스스한 색깔과 모양, 크기 때문에 한때 '식인꽃'으로 오해를 받은 적이 있습니다. 게다가 고약한 냄새로 유명세를 치르기도 했지요. 이 고약한 냄새는 꽃가루를 옮겨 줄 파리를 유인하기 위해 풍기는 냄새인데, 마치 똥 냄새와 비슷하다고 해요.

이렇게 수술의 꽃가루가 암술로 옮겨지는 '꽃가루받이'가 이뤄지고 나면, 라플레시아의 꽃이 피기까지 약 8개월의 긴 시간이 걸립니다. 반면에 꽃이 지는 데는 고작 이틀밖에 걸리지 않는답니다.

눈물 레벨	은방울꽃	◆ 이름 : 독일은방울꽃 ◆ 분류 : 외떡잎식물군 비짜루목 ◆ 원산지 : 유럽 ◆ 길이 : 20~35cm

맹독을 숨기고 있습니다

겉모습에 속지 마.

은방울꽃은 이름대로 방울처럼 생긴 희고 작은 꽃이 핍니다. 그 모습이 무척 아름다워 '골짜기에 핀 하늘나리'라고 불리기도 합니다. 꽃말은 '순수', '상냥함'이며, 프랑스에서는 5월 1일마다 사랑하는 사람에게 은방울꽃을 주는 풍습이 있습니다.

하지만 이렇게 맑고 고상한 이미지와 딴판으로, 은방울꽃에는 맹독이 있습니다. 잎과 뿌리, 줄기 등 모든 곳에 말이지요. 은방울꽃을 꽂아 두었던 꽃병의 물을 마신 아이가 죽은 사건도 있을 정도입니다. 은방울꽃을 만질 일이 있다면 손을 깨끗이 씻어야 해요!

금어초

- 이름 : 금어초
- 분류 : 진정쌍떡잎류 차조기목
- 원산지 : 지중해 연안
- 길이 : 20~90cm

시들면 해골 모양이 됩니다

흔들

어초는 봄에 화단이나 꽃집 앞에서 흔히 볼 수 있는 꽃입니다. 꽃의 모양이 마치 금붕어를 닮아서 이런 이름이 붙었습니다. 꽃의 색은 빨간색, 분홍색, 주황색 등 다양합니다. 특히 비타민C를 포함한 '먹을 수 있는 꽃'으로도 알려져, 사람들이 금어초를 디저트나 샐러드 위에 장식으로 곁들이는 경우가 자주 있어요.

그런데 이런 금어초도 놀라운 특징이 있습니다. 꽃이 시드는 과정에서 무섭게도…. 해골 모습으로 변하기도 한다는 것이지요! 씨를 감싸고 있던 외과피의 모양이 해골을 쏙 빼닮았답니다.

14년 만의 재회

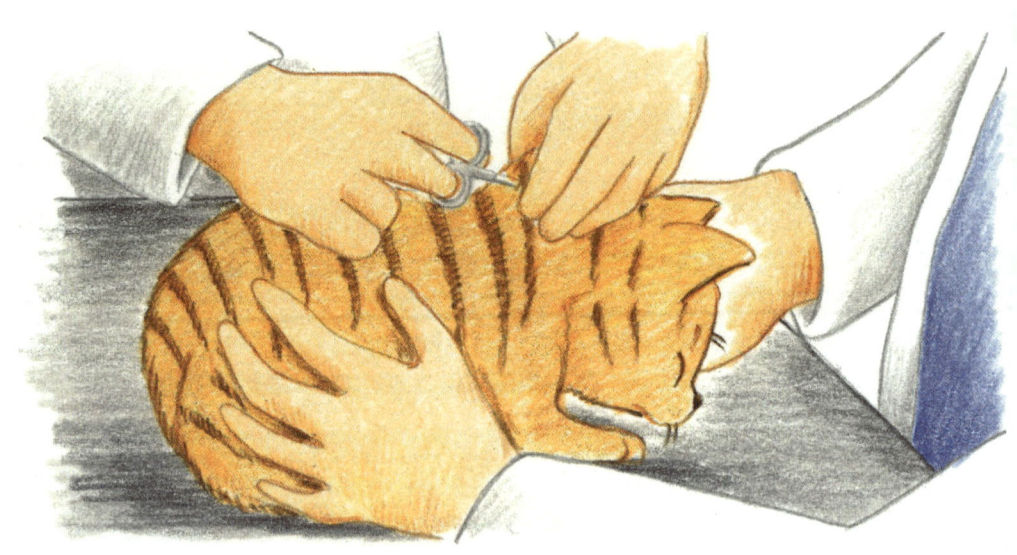

 마이크로 칩을 심은 고양이

   고양이에게 14년이라는 세월은 사람의 72년에 해당한다고 합니다. 이렇게 긴 시간을 떨어져 주인과 있다가 다시 만난 고양이가 있습니다.

   이토록 운이 좋은 고양이의 이름은 '토마스 주니어(줄여서 T2)'라고 합니다. 밝은 오렌지브라운 바탕에 짙은 밤색이나 갈색 줄무늬를 띤 고양이로, 미국 남부의 플로리다 주의 포트피어스라는 마을에서 주인과 함께 살고 있었지요.
   T2의 주인인 마틴은 해당 지역의 경찰서에서 경찰견을 다루는 일을 하고 있었습니다. 업무 때문에 들개나 들고양이와 만나는 일이 잦았던 마틴은 평

소 마이크로 칩 삽입의 중요성을 느꼈다고 합니다.

그래서 2002년에 단골 수의사에게 부탁하여 T2에게 마이크로 칩을 심어 두었지요. 지금 와서 보면 이 일이 마틴과 T2의 감동적인 재회를 가능하게 만든 중요한 사건이었습니다.

피난 생활이 불러 온 피난 생활

그로부터 2년 후인 2004년, 포트피어스를 포함한 트레저 코스트 일대에 허리케인이 덮쳤습니다. 마틴은 T2를 데리고 조금 떨어진 마을에 사는 친구 집으로 피난을 가기로 했습니다.

그런데 며칠 후 T2가 사라져 버렸습니다. 새로운 환경에 적응하지 못했던 것일까요? 마틴은 T2를 찾기 위해 이웃 사람들과 여기저기를 오랫동안 다녔지만 결국 아무 데서도 찾지 못했다고 회상합니다. 그래서 결국 '트레저코스트'라는 동물보호협회에 가서 길 잃은 고양이를 찾아달라고 요청했지요. 하지만 아무리 기다려도 아무런 연락이 없었습니다. 그래서 결국 마틴은 이렇게 생각했다고 합니다.

'고속도로를 지나다 달려오는 차에 치였을지도 몰라. 이제 포기하는 편이 좋겠어….'

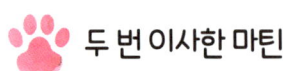 **두 번 이사한 마틴**

그 후 마틴은 두 차례에 걸쳐 이사를 했습니다. 오하이오 주에서 한동안 살다가, 이후 다시 포트피어스에 되돌아왔지요. 포기했다고는 하지만 마틴은 T2의 마이크로 칩 속 식별 번호와 자신의 최근 주소를 연동해 두는 것을 잊지 않았습니다. T2가 발견되면 바로 집으로 돌아올 수 있도록 늘 신경을 쓰고 대비를 해 두었던 거예요.

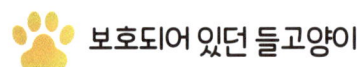 **보호되어 있던 들고양이**

그러다가 2018년 3월 9일, 포트피어스에서 37km 떨어진 팜시티라는 마을에서 들고양이가 발견되었습니다.

미국 위생국에서는 해당 고양이의 견갑골 근처에 내장되어 있던 마이크로 칩을 바로 발견해 조사했습니다. 그 결과 고양이 주인의 이름과 주소가 밝혀졌습니다. 바로 마틴의 고양이 T2였던 거예요! 마틴과 T2가 떨어져 지낸 지 14년 만의 일이었습니다.

당시 수의사에게 연락을 취한 동물보호협회 관련자에 따르면, 기르던 고양이가 행방불명이 되는 경우는 종종 일어난다고 해요. 하지만 사라진 지 14년 만에 반려묘가 무사히 발견된 경우는 처음 봤다고 합니다.

그러니 마틴은 얼마나 놀랐을까요. 마틴은 수의사로부터 걸려 온 전화를

받고, "T2가 살아 있다면 어떻게 하겠어요?"라는 수의사의 질문에 심장이 멈추는 줄 알았다고 합니다.

마틴은 당시 상황에 대해 이런 말을 남겼습니다.

"저는 T2를 잊은 적이 없어요. T2도 마찬가지였을 겁니다. 서로의 마음이 하나가 되어 기적이 일어난 게 아닐까 싶어요."

마지막 작별

 마르가리타의 장례식

2015년 3월 15일. 멕시코 남부의 모레로스 주에 있는 쿠에르나바카라는 마을의 장례식장에서 기이한 광경이 펼쳐졌습니다.
평소에는 전혀 보이지 않던 들개들이 유독 모여 있었던 것이지요. 이 날은 '마르가리타 수아레스'라는 여성의 장례식 날이었습니다.

마르가리타는 살아 생전 모레로스 주에서 1400km 가량 떨어진 유카탄 주의 메리다라는 마을에 살며, 집 근처의 여러 들개에게 먹이를 주었다고 합니다.
마르가리타의 딸 파트리샤 울티아는 마르가리타의 장례식에 모여 든 개들이 장례식장에서 기르던 개인 줄 알았습니다. 그런데 장례식장 직원에게 물어보니 그 개들을 전혀 모른다는 의외의 대답이 돌아온 것이죠.

 밤새 관을 지킨 들개들

파트리샤는 즉시 사진을 찍어 페이스북에 올리며 이런 글을 덧붙였습니다.
"어머니는 동물을 몹시 좋아하는 분이었습니다. 배고파하는 동물을 보면 반드시 음식을 주었어요. 자신이 먹기 전에 우선 동물부터 생각했지요. 어머니의 장례식장에 들어왔을 때, 많은 개들이 바닥에 앉아 있는 것을 보았습니

마지막 작별 **11**

다. 장례식이 끝난 후에도 아무 데도 가지 않고, 밤새 꼼짝 않고 있더군요. 마치 어머니의 관을 지키고 있는 것 같았습니다."

이 장면을 목격한 장례식장의 많은 사람들은 감동을 느꼈습니다. 파트리샤는 당시 상황을 이렇게 떠올렸어요.

"그 개들은 어머니가 돌아가신 슬픔에 빠져 있던 저를 말로 표현하기 어려운 다정한 시선으로 바라봐 주었습니다. 그 자리에 있던 사람들은 모두 상냥한 개들의 마음에 감동 받았어요."

파트리샤의 게시물은 2주 만에 5000회 이상 공유되었고, 19만 이상의 '좋아요!'를 받았습니다. 신기한 일은 그 후로도 계속 일어났습니다.

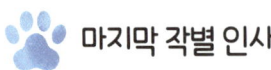 **마지막 작별 인사**

　새벽 세 시를 넘었을 무렵, 조문객들이 하나둘씩 장례식장을 떠나고 장례식장이 거의 비었습니다. 하지만 개들은 그때까지도 바닥에 엎드린 채 자리를 떠나지 않았습니다.

　하지만 아침 해가 뜰 무렵이 되자 장례식장 건물에서 감쪽같이 사라졌습니다. 장례식장 건물을 떠나 어디론가 간 것이죠. 이런 개들의 행동에 파트리샤를 비롯한 유족들은 다시 한 번 놀랐습니다. 파트리샤는 당시 상황을 이렇게 회상했습니다.

　"아침이 되자 개들이 밖으로 나갔습니다. 그런데 관을 묘지에 매장하기 한 시간 전쯤 그 개들이 다시 모여 들었습니다. 어쩌면 어머니와 진정한 의미의 마지막 작별을 하고 싶었던 것 같아요."

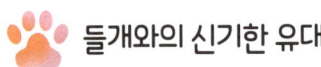 **들개와의 신기한 유대감**

　장례식장에 모여 있던 그 개들은 마르가리타가 살아 생전 먹이를 주던 개들이었던 걸까요? 그래서 정든 마르가리타와의 마지막 작별을 위해 장장 1400km나 되는 먼 거리를 달려온 걸까요? 아니면 마르가리타와 인연은 없지만 그녀의 상냥한 성격을 본능적으로 감지한 개들이 마르가리타가 돌봤던 개들 대신 모여든 걸까요?

진실은 그 누구도 알 수 없습니다. 단, 마르가리타와 개들 사이에 말로는 표현하기 어려운 유대감이 형성돼 있었을 것으로 추측할 따름이지요.

비록 집에서 기르는 반려견이 아니고 길을 떠돌아 다니는 야생성 강한 들개라고 해도 사람과 서로 마음이 통할 가능성이 있을지도 모릅니다.

이 사연도 이런 생각이 절로 들게 하는 신기한 일 중 하나로 많은 이들의 감동을 자아냈습니다.

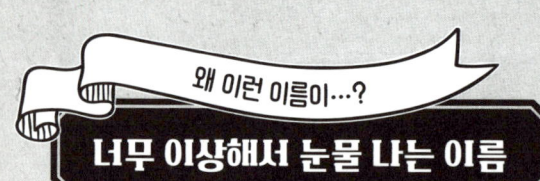

왜 이런 이름이…?
너무 이상해서 눈물 나는 이름

> 마치 험담처럼 너무한 이름이 붙은 생물들입니다.

벌거숭이 두더지쥐

이름대로 몸에 털이 없고 두더지처럼 생긴 쥐입니다. 앞니가 툭 튀어나온 생김새를 지녔습니다.

느림보곰

긴 발톱으로 나무에 매달린 모습이 마치 나무늘보와 비슷하여 이런 이름이 붙었습니다.

> 별로 느리지 않다고.

남생이

'냄새나는 거북'이라는 뜻에서 이런 이름이 붙은 것으로 추측돼요. 한반도와 일본에 주로 살며, 엉덩이 주위에서 구린내를 풍깁니다.

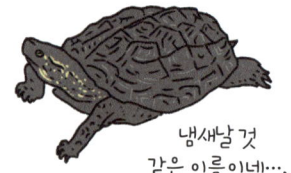

> 냄새날 것 같은 이름이네….

개량조개 (일본어로 '바보조개')

일본에서는 이 조개를 대합으로 착각한 사람이 좋아하며 먹었다고 하여 '바보조개'라는 이름이 붙었다고 전해집니다.

> 바보.

구렁내덩굴

방귀나 똥 같은 독특한 냄새를 풍기는 식물입니다. 흰색 바탕에 자줏빛 점이 있는 귀여운 꽃이 핍니다.

> 뽀옹~

눈물 나는 모험 기록

최선을 다해 동물들과 교감했던

동물학자들의 이야기를 소개합니다!

> 이마이즈미 다다아키 선생님의 말

동물을 연구한 사람들, 동물학자를 살펴봅시다

　동물학자는 반드시 동물을 좋아해야만 할 수 있는 일은 아닙니다. 동물에 대한 끊임없는 호기심, 그리고 동물의 특성에 과학적으로 접근하는 마음가짐이 중요합니다. 그리고 조사를 진행하는 과정에서 대상 동물에 대한 의문이 차례차례 생기면서 관심을 갖게 되는 경우가 많지요.

　또한, 동물학자는 동물에 대해서 뭐든지 잘 아는 사람이 아니기 때문에 한 동물을 조사하는 동안에 몇 년이 훌쩍 지나기도 합니다. 그중에는 평생을 바쳐 한 동물을 조사하는 동물학자도 있습니다.

　그래서일까요, 동물학자에게는 끝까지 포기하지 않는 지구력과 몇 년이고 계속되는 연구를 참아 내는 강한 인내심이 중요하다고 합니다. 저는 일단 어

떤 동물에게 흥미가 생기면 포기하고 싶은 마음은 들지 않습니다. 그저 꾸준히 인내심을 갖고 끈질기게 연구하는 일에 괴로움을 느끼지도 않습니다. 의문이 의문을 낳으며, 호기심이 끝없이 커져 가거든요.

이 순간에도 매일 고생하는 동물학자들이 많습니다. 그들 덕택에 우리는 동물의 생태와 행동을 알게 됩니다. 이렇게 쌓인 지식은 결국 우리 인류의 생태나 행동의 기원을 알아가는 문제로 연결됩니다. 인류는 어떻게 생겨났을까? 앞으로 인류는 어떻게 될 것인가? 이러한 궁극적인 물음에 대한 답을 찾아 나아갈 수 있는 것입니다.

감동적인 모험 기록 ①  제인 구달

◆ 출생지 : 영국
◆ 생년월일 : 1934년 4월 3일
◆ 주요 공적 : 침팬지의 도구 사용 발견

 동물을 좋아하는 소녀와 침팬지

    제인 구달은 침팬지에 대해서 놀랄 만한 발견을 이뤄 낸 동물학자입니다. 어린 시절부터 구달은 동물을 좋아했고, 『돌리틀 선생 항해기』 등의 소설을 감명 깊게 읽었으며, 아프리카에서 야생 동물들과 즐겁게 지내는 일을 꿈꾸는 소녀였습니다.

    그러다 인류학 연구로 유명한 루이스 리키와 만난 것이 구달의 미래를 완전히 바꾸었습니다. 동물을 연구하기 위해서는 그 동물에 대한 흥미, 예리한 관찰력, 그리고 끈덕지게 관찰하는 강한 인내심이 무엇보다 필요합니다.

    구달은 동물에 대해서 전문적인 공부는 하지 않은 상태였지만, 인류학자 리키는 구달에게 동물학자가 될 만한 잠재력이 있다는 것을 꿰뚫어보았습니다. 그래서 구달은 리키의 권유로 침팬지 연구를 시작하게 되었어요.

    1960년, 구달은 26살의 나이로 아프리카에서 연구를 시작했습니다. 그러나 구달이 조금만 다가가도 침팬지는 재빠르게 달아나기 일쑤였습니다. 그래서 구달은 작전을 바꾸어, 조금 떨어진 곳에서 망원경으로 관찰을 계속하며, 조금씩 침팬지와의 거리를 좁혀 가기로 했지요.

    그러자 처음에는 똑같아 보이던 침팬지들의 얼굴 생김새가 각각 다르다는 것을 알게 되었고, 침팬지들에게 이름을 붙이기로 했습니다. 그 덕분에 어떤 특정 개체가 어떤 행동을 했는지 구별하여 관찰할 수 있었고, 많은 발견을

하게 되었죠.

　예를 들면, 한 침팬지가 흰개미 집에 나뭇가지를 찔러 넣어 그 나뭇가지에 붙어 나온 흰개미를 먹는 것을 보고, 침팬지가 도구를 사용하는 것을 알았습니다. 또 다른 침팬지가 사막혹멧돼지 고기를 먹는 것을 보고, 침팬지가 초식 동물로 여겨졌던 기존의 선입견과는 달리 고기도 먹는 잡식성이라는 사실도 알아냈지요.

　이는 모두 구달이 동물을 무척이나 좋아하고 아꼈기 때문에 이뤄 낼 수 있었습니다. 그러나 한편으로는 이런 면 때문에 다른 과학자보다 더한 괴로움, 슬픔도 자주 경험해야만 했습니다.

구할 수 없는 안타까움을 안고

구달은 언젠가 발견한 어느 다섯 살짜리 수컷 침팬지에게 '마린'이라는 이름을 붙이고, 마린을 관찰했습니다.

마린은 어미를 여의고 누나의 보살핌을 받고 있었어요. 그런데 누나가 언젠가부터 마린을 등에 태워 주지 않았습니다.

그러자 마린은 점차 눈에 띄게 몸이 약해졌고, 털도 윤기를 잃고 거칠어졌습니다. 게다가 마린은 다른 침팬지와 어울리는 데 어려움을 느끼는 듯 보이기도 했습니다.

스스로 흰개미 사냥을 하는 데도 서툴렀지요. 게다가 발의 털을 자꾸 뽑아서, 급기야 앞발과 뒷발에 털이 남지 않을 지경에 이르렀습니다.

그러던 어느 소나기가 몹시 내리던 날, 마린이 추위에 떠는 모습이 보였습니다. 그 모습을 마지막으로 마린은 죽은 채 발견되고 맙니다.

구달이 관찰하던 또 다른 침팬지 중에는 '소레마'라는 어린 암컷 침팬지가 있었습니다. 소레마 역시 한 살 때 어미를 여의고 어미 대신 오빠 품에서 자라고 있었지요.

오빠가 소레마를 열심히 키우고 있던 어느 날, 오빠가 사냥을 다녀 온 사이 소레마가 죽음을 맞았습니다. 오빠가 품에 안아 들자, 이미 죽은 소레마는 축 늘어졌지요.

구달은 마린과 소레마를 쭉 지켜보면서 두 어린 침팬지를 구하고 싶은 마음이 간절했습니다. 하지만 사람이 자연에 손을 대면 생태계에 혼란을 줄 우려가 있었습니다. 그 사실을 충분히 인지하고 있던 구달은 그저 관찰을 계속할 수밖에 없었습니다.

이렇게 침팬지 한 마리, 한 마리를 인내심을 갖고 주의 깊게 관찰한 구달은 결국 침팬지가 어떻게 무리를 이루고 어떤 방식으로 살아가는지 조금씩 알아내게 되었습니다. 그 덕택에 침팬지의 습성이 세상에 보다 자세히 알려지게 된 것입니다.

　이후 구달은 1990년 교토상, 2002년 벤저민 프랭클린 메달을 비롯해 2004년 세계 야생동물보호기금 평생공로상 등을 수상했습니다.
　지금까지도 구달은 침팬지를 비롯한 영장류를 보호하고, 지구 환경과 생태계를 보전하는 일의 중요성을 강조하며 활발히 활동하고 있답니다.

감동적인 모험 기록 ②

다이안 포시

◆ 출생지 : 미국
◆ 생년월일 : 1932년 1월 16일
◆ 주요 공적 : 고릴라 그룹 내 계층 발견

마운틴고릴라 연구에 생애를 바친 학자

　다이안 포시는 1932년에 미국에서 태어난 동물학자입니다. 포시는 고릴라, 그중에서도 특히 마운틴고릴라의 연구와 보호에 힘썼지요.
　1963년에 포시는 처음 아프리카에 발을 디뎠습니다. 그곳에서 화석으로 인류의 기원 등을 조사하던 연구가 루이스 리키를 만나, 대형유인원에 대해 연구해 보라는 권유를 받았습니다.
　포시는 일단 귀국을 하고 아프리카로 돌아올 만반의 준비를 한 뒤 1966년에 다시 아프리카를 찾았습니다. 그리고 연구를 하는 방법을 배우고, 르완다의 고지에 연구 센터를 세웠습니다.

　오늘날과 마찬가지로, 당시에도 고릴라는 멸종 위험이 아주 높은 종으로 분류되어 있었습니다. 르완다 지구에서 고릴라의 수렵은 원칙적으로 금지되어 있었지만, 관리자 수가 턱없이 적어 밀렵꾼들의 사냥에 대처하기 어려웠습니다. 관리자 가운데 밀렵꾼으로부터 뇌물을 받고 밀렵을 눈감는 사람도 있었지요.
　이런 일들은 포시에게는 도저히 참을 수 없는 일이었습니다. 포시는 고릴라에 무척 많은 애정과 관심이 있었으니까요. 고릴라의 기분을 알아내기 위해 고릴라가 먹는 잎이나 풀 등을 먹어 볼 정도였거든요.
　포시는 밀렵꾼들이 놓은 덫을 부수고, 지역이 관광지가 되는 것에도 반대했

습니다. "왜 그렇게까지 하느냐."라고 충고하는 사람도 있었지만, 포시는 그렇게라도 하지 않으면 고릴라를 영영 지킬 수 없을 거라고 생각했지요.

그러던 중에 1985년 12월 27일 새벽, 포시의 오두막에서 커다란 비명이 들려왔습니다. 소리를 듣고 달려간 사람들은 그곳에서 누군가에게 무참히 살해된 포시를 발견했습니다. 포시를 죽인 범인이 누구인지는 사건이 일어난 지 30여 년이 흐른 지금까지도 베일에 싸여 있습니다.

감동적인 모험 기록 ③ 에즈먼드 브래들리 마틴

◆ 출생지 : 미국
◆ 생년월일 : 1941년 4월 17일
◆ 주요 공적 : 코끼리와 코뿔소 보호

코끼리와 코뿔소의 멸종 위기

2018년 2월, CNN과 BBC를 비롯한 많은 해외 언론에서 어떤 사람이 살해된 사건을 크게 보도했습니다.

피해자는 바로 전 국제연합(UN) 대사인 에즈먼드 브래들리 마틴이었습니다. 그는 야생 코끼리의 상아나 코뿔소의 뿔이 밀수되는 사건들을 추적하고, 코끼리와 코뿔소를 보호하자는 운동을 펼친 것으로 유명한 인물이었습니다. 그랬던 그가 케냐의 수도 나이로비 교외의 자택에서 목 등 몸의 여러 곳이 찔린 채 발견된 것입니다.

마틴이 코끼리와 코뿔소 밀수를 적발하는 데 앞장섰던 이유는, 밀수 거래량이 워낙 많았던 데다 이 때문에 코끼리와 코뿔소가 멸종 위협을 받았기 때문입니다. 당시 코끼리와 코뿔소는 연구를 목적으로 한 거래 이외에는 모든 거래가 금지되어 있었습니다. 하지만 밀렵이 기승을 부려 코끼리와 코뿔소가 빠르게 줄어들고 있었지요.

아프리카의 사바나에 있는 아프리카 코끼리의 수는 대략 60만~70만 마리입니다. 매년 3만 마리가 밀렵으로 사라지고, 2025년에는 개체 수가 절반 가까이 떨어질 것으로 우려됩니다. 아시아 코끼리는 4만~5만 마리로, 아프리카 코끼리 수의 10분의 1에 불과합니다.

코끼리 밀렵의 주된 목적은 '상아'입니다. 상아는 염주, 도장, 장식품 등 여러 가지 공예품으로 가공되어 팔려 나가고 있습니다.

아프리카에 사는 코뿔소에는 크게 검은코뿔소와 흰코뿔소가 있습니다. 야생 검은 코뿔소는 4000마리 정도에 불과하여 멸종 직전의 위기에 처해 있습니다. 야생 흰코뿔소 중 남부 흰코뿔소는 2만 마리 정도 있지만, 북부 흰코뿔소는 불과 3마리 남았습니다. 게다가 암컷만 있기 때문에 곧 멸종될 것입니다.

이런 상황 속에서도 코뿔소를 밀렵하는 일이 끊이지 않고 일어나고 있습니다. 코뿔소의 뿔이 비싼 값에 거래되기 때문입니다.

밀렵과 시장의 위험한 조사

코끼리와 코뿔소의 위기를 막기 위해서 어떻게 하면 좋을까요? 마틴의 생각은 분명했습니다.

우선, 코끼리 상아나 코뿔소 뿔을 원하는 사람이 있기 때문에 그것을 거래하는 시장이 있고 밀렵이 성행한다고 보고, 이러한 악순환의 고리를 끊기 위해서는 밀렵과 시장을 조사할 필요가 있다고 여겼지요.

그래서 마틴은 위험한 지역에서 계속 긴장감 넘치는 조사를 이어 갔습니다. 밀렵꾼으로 위장하고 직접 밀렵꾼을 만나기도 하고, 밀렵꾼을 고용하여 밀렵 현장에 안내를 받은 적도 있습니다. 자칫하면 밀수 세력에 붙잡힐 수 있는 몹시 위험한 방법이었기 때문에 이런 방식의 조사를 그만두는 편이 좋겠다고 충고를 한 친구들도 있었습니다. 하지만 마틴은 모든 만류를 뿌리치고 조사를 멈추지 않았습니다.

그러던 중, 마틴은 코끼리 상아의 밀수가 일본과 중국 등지에서 활발히 이뤄진다는 것을 듣고 조사를 위해 즉시 현지로 향했습니다. 1993년에는 중국 정부에 강한 압력을 가하여 코뿔소 뿔의 거래를 법적으로 금지하도록 유도했습니다. 그리고 2017년에는 상아 거래를 금지하는 규제를 만드는 데 성공하기도 했지요.

하지만 일본과 중국에서 규제가 엄격해지자 밀수 시장은 다시금 라오스와 베트남, 미얀마 등 동남아시아로 옮겨 갔습니다. 그래서 마틴은 이 나라들도 조사하기 위해 떠났습니다.

그렇게 미얀마의 밀수 현황에 대해 조사하고 막 돌아온 지 얼마 되지 않은 2018년 2월 4일, 마틴은 자택에서 흉기에 찔려 목숨을 잃은 채 발견되었습니다. 밀렵꾼 세력에 의한 살인일 것으로 강력히 의심되고 있지만 아직 범인이 잡히지 않았습니다. 이 사건에 대해 주 케냐 미국 대사관의 밥 고덱은 이렇게 말했습니다.

"아프리카의 야생 동물들은 소중한 친구를 잃었지만, 야생 동물 보호에 앞장 선 에즈먼드 마틴의 공적은 앞으로도 길이 남을 것입니다."

감동적인 모험 기록 ④ 	**앨프리드 러셀 월리스**	◆ 출생지 : 영국 ◆ 생년월일 : 1823년 1월 8일 ◆ 주요 공적 : 진화론의 원조

4년 간의 아마존 연구

찰스 다윈은 진화론을 주장한 학자로 유명합니다. 다윈의 『비글호 항해기』나 『종의 기원』 같은 책의 이름을 들어본 사람이 많을 거예요. 그런데 진화론을 주장한 또 다른 사람이 있었습니다. 바로 앨프리드 러셀 월리스입니다.

앨프리드 러셀 월리스는 1823년 영국 웨일즈에서 태어났습니다. 다윈의 집이 부자였던 것과는 대조적으로, 월리스의 집은 가난하여 14살 때 이미 월리스는 노동을 해야만 했습니다. 그 후 월리스는 측량사나 목수, 학교 선생 등 여러 직업을 거쳤지요.

이렇게 여러 일을 전전하던 무렵, 월리스는 동물의 '의태(동물이 모양이나 색 등을 주위 환경과 비슷하게 바꾸어 스스로를 보호하는 것)'를 연구하는 헨리 베이츠를 만나게 됩니다. 베이츠와 서로 이야기를 나누다 보니, 월리스는 미지의 세계인 아마존을 탐험하고 싶다는 마음이 들었습니다.

"아마존에 가고 싶군. 하지만 돈이 없어."

"괜찮아. 아마존에서 잡은 곤충을 표본으로 만들어 팔자. 그러면 분명히 돈이 될 거야."

그렇게 두 젊은이는 구체적인 계획도 없이 1848년 남아메리카의 브라질로 출발합니다. 월리스는 아마존의 네그로 강을 중심으로 4년 간 탐험한 끝에,

많은 곤충의 표본을 모았습니다. 영국에 가지고 돌아가서 팔면 몇 년은 먹고 살 돈이 될 귀중한 표본들이었지요.

그런데 영국으로 돌아가는 배에서 그만 화재가 일어나고 맙니다. 월리스는 구명보트 덕분에 겨우 목숨을 건졌지만, 배가 가라앉는 사고로 그간 고생해서 모았던 모든 표본과 연구 노트의 대부분이 바닷속으로 사라졌습니다. 월리스의 목숨을 구해 준 배도 폭풍으로 가라앉을 뻔하는 둥, 위험천만한 일이 연이어 터지며 아마존 탐험은 처참하게 끝이 나고 말았습니다.

월리스의 논문과 다윈

"이제 두 번 다시 배 여행은 하지 않겠어."

월리스는 주변 사람들에게 이렇게 했습니다. 하지만 1854년에 결국 다시 탐험 길에 오릅니다. 이번에는 동남아시아 탐험이었습니다. 무려 6년에 이르는 탐험 기간 동안, 여러 가지 표본을 모으고 조사를 하며 월리스는 어떤 놀라운 사실을 알아냈습니다.

그것은 바로 '닮은 종은 같은 종에서 변화해 뻗어 나온 것이다'라는 이론입니다. 당시 과학계는 하나의 종은 영원히 변하지 않는다는 가설을 믿고 있었습니다. 월리스는 자신의 이론을 뒷받침할 연구를 계속하여 1858년 논문 하나를 완성합니다. 이것이 '변종이 본래의 형에서 나와 무한히 떨어져 나가는 경향에 관하여(On the Tendency of Varieties to Depart Indefinitely From the Original Type)'라는 논문입니다. 월리스는 이를 찰스 다윈이라는 생물학자에게 보내어 발표를 의뢰했어요.

찰스 다윈은 월리스의 논문을 읽고 깜짝 놀랐습니다. 거기에는 다윈의 생각과 비슷한 취지의 내용들이 적혀 있었기 때문입니다. 고양이 종이 발톱을 꺼냈다 숨겼다 하는 경우가 많은데, 먹이를 잡기 위해서는 그 편이 적합하기 때문에 살아남은 것이라는 등의 내용이 월리스의 논문 안에 빼곡히 들어 있었지요.

이러한 월리스의 이론은 다윈이 이미 1856년부터 써 왔던 진화론 논문의 핵심적인 내용과 정확히 일치했습니다. 친구의 권유도 있고 해서 다윈은 학회에서 월리스의 논문과 함께 자신의 학설을 발표했습니다. 월리스의 논문에 비하면 다윈의 논문은 초고의 일부에 지나지 않는 편지 같은 수준의 내용이었습니다. 그래서인지 다윈이 학설을 처음 발표할 당시에는 그다지 커다란 화젯거리가 되지는 않았습니다.

그러나 이듬해, 다윈이 『종의 기원』이라는 책을 출판하자 사회적으로 커다란 화제가 되었습니다. 어느 새 진화론은 다윈이 주장한 학설이라고 여겨지고, 다윈의 이름과 진화론이라는 가설이 과학계의 역사에 남았습니다.

반면, 월리스는 일반 사람들에게 거의 알려지지 않은 채 1913년에 세상을 떠났습니다.

| 감동적인 모험 기록 ⑤ | **칼 패터슨 슈미트** | ◆ 출생지 : 미국
◆ 생년월일 : 1890년 6월 19일
◆ 주요 공적 : 독사에 물린 후 경과 기록 |

자신이 죽는 과정을 기록한 연구자

아프리카에 '붐슬랭'이라는 독사가 있습니다. 어느 학자가 이 뱀에 물리고 나서 자신이 죽을 때까지를 자세히 기록으로 남긴 일이 있습니다.

칼 패터슨 슈미트는 파충류, 그 중에서도 독사 연구로 유명한 학자였습니다. 슈미트는 어느 동물원으로부터 '뱀의 이름을 알고 싶다'는 의뢰를 받았습니다. 그 뱀은 길이가 70cm~80cm로 붐슬랭과 비슷하지만 확실치는 않았지요.

1957년 9월 25일, 더 자세한 조사를 위해 그 뱀을 들어 올린 순간 슈미트는 그만 뱀에 물리고 말았습니다. 당시에 해독제는 아프리카에만 있었습니다. 치료가 어려운 상태에서 슈미트는 뱀에 물린 자신의 몸 상태가 어떻게 변화하는지 기록해야겠다고 생각했습니다.

9월 25일 오후 5시 무렵
몹시 속이 안 좋다.

9월 25일 오후 6시 무렵
고열이 나고, 잇몸에서 피가 난다.

이어 슈미트는 집에 돌아와 잠시 잠들었지만 자정 무렵에 피가 섞인 소변이 나왔습니다. 새벽에는 속이 몹시 좋지 않아 구토를 했다고 합니다.

9월 26일 오전 6시 30분
열이 조금 떨어졌지만, 아직도 소변에 피가 섞여 있다.
입과 코에서 출혈이 계속되지만 그다지 심하지는 않다.

9월 26일 오후 1시 30분
식사 후 구토했다. 땀도 많이 난다.

이상이 슈미트가 적은 마지막 기록입니다. 이날 오후, 슈미트는 이미 말을 할 수 없는 상태로 병원에 옮겨졌습니다. 그리고 결국 그곳에서 숨을 거두고 말았어요.

감동적인 모험 기록 ⑥ 기디언 멘텔

◆ 출생지 : 영국
◆ 생년월일 : 1790년 2월 3일
◆ 주요 공적 : 이구아노돈 발견

공룡의 존재를 알린 커다란 이빨 화석

1790년에 영국에서 태어난 기디언 멘텔은 의사였지만 화석에 흥미가 있어서 시간만 나면 화석이 나올만 한 곳에 가서 채굴을 하곤 했습니다.

1820년 무렵의 어느 날, 멘텔은 어떤 동물의 아주 커다란 이빨 화석을 발견합니다. 지금까지 본 적 없는 화석이었기 때문에 많은 학자들 앞에 보여 주었지요. 당시에는 공룡이라는 거대 동물이 살았다는 생각을 아무도 하지 않던 시대였습니다. 동물학자 큐비에는 그 화석이 코뿔소 같은 대형 포유류 동물의 이빨이라고 단언했지요.

1824년, 멘텔은 박물관을 찾아 문제의 화석이 이구아나의 이빨과 닮았다는 말을 들었습니다. 비교해 보니 확실히 비슷했습니다. 하지만 화석의 이빨은 현대 이구아나의 이빨보다 크기가 20배나 컸지요.

1825년, 멘텔은 먼 옛날에 살았던 거대 동물 '이구아노돈'에 대한 연구를 정리하여 런던의 지질 학회에서 발표합니다. 마침내 멘텔의 가설이 인정받아 사람들이 '공룡'의 존재를 알게 된 거예요.

하지만 그렇다고 바로 멘텔에게 돈이 들어오지는 않았습니다. 멘텔은 의사 일을 계속했음에도 불구하고 가난하여 약도 살 수 없는 상황이었습니다. 어렵게 모은 화석도 생계 유지를 위해 박물관에 팔아야만 했지요. 아내는 그런 힘

든 생활이 지겹다고 멘텔을 떠났고, 아들은 외국으로 떠났으며, 딸은 병으로 세상을 떠났습니다.

게다가 멘텔 자신도 1841년 마차 사고를 당해 움직일 수 없는 몸이 되어 버렸습니다. 1852년 10월, 결국 멘텔은 숨을 거두었습니다. 멘텔이 진통을 잊으려 아편에 중독되었다 죽었다는 설도 있고, 스스로 목숨을 끊었다는 설도 있으나 그의 사망 원인에 대해서 분명하게 밝혀진 바는 없습니다.

감동적인 모험 기록 ⑦ 콘라트 차하리아스 로렌츠

◆ 출생지 : 오스트리아
◆ 생년월일 : 1903년 11월 7일
◆ 주요 공적 : 각인 효과 발견

뒤를 따라오던 새끼 새 한 마리

흰뺨검둥오리 등의 오리 새끼들이 어미 새를 줄줄이 따라가는 영상을 본 적 있나요? 새끼들이 귀여워서 보는 것만으로 기분이 좋지만, 한편으로는 이상하다는 생각이 듭니다. 아무도 가르쳐주지 않았는데 새끼들은 어떻게 맨 앞에 걷는 커다란 새가 어미라는 것을 아는 걸까요?

알에서 깨어난 새끼 오리가 어미를 알아보는 현상에 대해 끈질기게 추적하고 연구한 사람이 있습니다. 그 연구자의 이름은 바로 '콘라트 차하리아스 로렌츠'라는 학자입니다. 로렌츠는 이 업적으로 노벨 생리학 의학상을 수상했습니다.

로렌츠는 오스트리아의 빈에서 태어났습니다. 로렌츠의 아버지가 빈 대학 의학부의 교수였던 이유로, 로렌츠는 처음에 의대에 진학했습니다. 하지만 로렌츠는 어린 시절부터 동물을 좋아했기 때문에 결국 동물을 연구하는 학자의 길로 들어섰습니다. 이때 니콜라스 틴베르헌을 만나면서 두 사람은 의기투합하여 거위의 행동을 공동으로 연구하기 시작합니다.

특히 로렌츠는 회색기러기의 알을 부화시켜 거위의 새끼로 길러 내는 연구를 하고 있었습니다. 부화한 새끼 회색기러기들은 알에서 깨어나 처음 마주한 거위를 당연한 듯 어미로 여기고 거위의 뒤를 따랐지요.

그런데 새끼 회색기러기 중 한 마리가 로렌츠의 눈앞에서 부화하더니, 다른

　새끼 회색기러기와 달리 거위가 아닌 로렌츠의 뒤를 뒤뚱뒤뚱 따라오는 거였습니다.
　'왜 내 뒤를 따라오지?'
　'어미라고 생각하는 걸까?'
　'그럼 왜 어미라고 생각하는 걸까?'

　이런 여러 생각 끝에 로렌츠는 여러 실험과 관찰을 거듭하며 어떤 결론에 도달하기에 이릅니다. 로렌츠가 내린 결론은 과연 무엇이었을까요?

각인 효과의 발견과 노벨상 수상

알에서 막 깨어난 새끼 새는 처음 눈에 들어온 움직이는 물체를 어미라고 생각합니다. 자연계의 동물들이 태어나서 보통 처음 보게 되는 것이 어미기 때문에, 자연스럽게 이런 인식을 하는 것이 새끼 새가 살아남는 데 무척 중요한 영향을 미칠 것입니다.

한편 인간의 경우 무언가를 '기억'하려면 반복해서 되새기는 과정이 필요합니다. 그런데 새끼 기러기는 이것이 어미다, 라고 처음부터 한 순간에 기억을 해 버리는 것입니다. 이러한 새끼 기러기의 인식 체계를 두고 로렌츠는 한순간의 일이 깊이 기억되는 것이라 생각해 '각인(Imprinting) 효과'라고 이름 붙였습니다.

1973년, 로렌츠는 '동물 행동학'이라는 새로운 학문 분야를 발견하고 개발한 공로로 다른 과학자들과 함께 노벨 생리학 의학상을 수상했습니다. 이전에 공동으로 연구했던 니콜라스 틴베르헌, 그리고 카를 폰 프리슈까지 총 세 명에게 주어졌지요.

노벨상까지 받은 저명한 학자였음에도 불구하고, 로렌츠 역시 실패나 실수를 한 적이 있습니다.

로렌츠는 저서 『솔로몬의 반지』에서 '어떤 동물을 기르면 좋은가'라는 질문에 골든 햄스터라고 답했습니다. 그 이유는 골든 햄스터가 생김새와 행동이 귀엽기도 하고, 작은 사육 케이스에서도 기를 수 있어 기르기에 큰 부담이 없기 때문이라는 것이었어요. 게다가 골든 햄스터는 기니피그나 토끼와 비교하면 그다지 사람을 무는 일도 없고, 가구를 기어 올라가지도 않는다고 했지요.
　그런데 로렌츠가 기르던 골든 햄스터를 방에 풀어 놓은 일이 있었습니다. 그런데 그 골든 햄스터가 가구를 기어 올라가 선반 위에 놓인 중요한 편지를 찢고, 그걸로 집을 만들었지요.
　결국 로렌츠는 훗날 책의 후기에 이런 말을 덧붙여야만 했습니다.
　'저는 골든 햄스터를 다시 사육 케이스에 가둬 기르기로 했습니다.'

감동적인 모험 기록 ⑧ 한스 숀부르크

◆ 출생지 : 독일
◆ 생년월일 : 1880년
◆ 주요 공적 : 피그미 하마 발견

아프리카 숲속 검은 악마의 전설

아프리카에 있는 라이베리아의 주민들 사이에는 이런 전설이 있었습니다. '숲에 검은 악마가 있다.'

1903년, 동아프리카에 파견된 영국 라이플 군대의 대장 마이네르츠하겐은 그 악마의 정체를 확인하기 위해 숲속 깊이 들어갔습니다. 그리고 그가 확인한 악마의 정체는 바로 오늘날 '자이언트숲멧돼지'로 불리는 동물이었지요.

하지만 자세히 조사하다 보니 이 숲에 전해 내려오는 악마가 '센게'와 '니그웨'라는 두 종류라는 사실을 알아내게 되었습니다. '센게'는 아무래도 자이언트숲멧돼지에 해당하는 것으로 보였습니다. 그럼 남은 '니그웨'의 정체는 대체 무엇이었을까요?

니그웨가 바로 피그미 하마라고 생각하는 인물이 있었습니다. 그는 바로 '동물 콜렉터' 한스 숀부르크입니다.

1800년 중반부터 라이베리아의 숲에는 염소 정도 크기의 작은 하마가 있다는 이야기가 이미 돌고 있었습니다. 1843년에는 소형 하마의 두개골 같은 것이 발견되어 '피그미 하마'라는 이름이 붙었지만, 많은 학자가 피그미 하마를 멸종된 하마의 변종이라고 생각하여 새로운 종으로 인정하지 않고 있었어요. 하지만 숀부르크는 '니그웨야말로 피그미 하마가 분명하다'고 생각했습니다.

숀부르크는 탐험대를 꾸려 라이베리아로 향했습니다. 그런데 현지 사람들에

게 니그웨에 대해 물었더니, "요 몇 년간 본 적이 없다." 또는 "이미 멸종된 것 같다." 하는 대답만 돌아왔지요.

그런데도 숀부르크는 포기하지 않고, 며칠이고 숲속을 돌아다녔습니다. 그러던 어느 날, 무언가를 발견했어요!
"뭐지, 저건…."
현지 가이드가 가리킨 곳에는 초목에 가려져 있었지만 염소만 한 크기의 검은 동물이 움직이고 있었습니다. 그때 옆에 있던 대원이 총을 겨누었습니다.
"기다려! 쏘지 마!"
숀부르크는 자신도 모르게 소리쳤습니다. 그의 목적은 피그미 하마를 '생포' 하는 것이었거든요. 하지만 그의 목소리에 놀랐는지 검은 동물이 순식간에 달아났습니다. 탐험대는 결국 그 동물을 놓치고 말았어요.

그 뒤 끊임없는 조사에도 불구하고 피그미 하마는 단 한 번도 발견되지 않았고, 숀부르크는 그대로 귀국하게 되었습니다.

거짓말쟁이로 몰린 숀부르크

"피그미 하마는 정말 있었어요!"
"이 두 눈으로 분명히 봤다고요!"
숀부르크는 주변 지인이나 학자들을 만나면 자신이 라이베리아 숲에서 탐험대와 함께 발견했던 의문의 검은 동물에 대해 이야기하고 다녔습니다.
하지만 숀부르크의 말을 아무도 믿어 주지 않았어요.
"뭐, 말로는 무슨 말을 못 하겠어."
"증거가 있어야지."
"하마 종류가 숲에 있을 리가 없잖아."
그중에는 숀부르크를 거짓말쟁이라고 손가락질하는 사람도 있었습니다. 숀부르크는 사람들의 비난에 하나하나 반박하고 싶었지만 확실한 증거가 없었기 때문에 어쩔 수가 없었습니다.

"분명히 봤는데 아무도 믿어 주지 않아…."
그래서 숀부르크는 1912년에 다시 라이베리아로 향했습니다. 이전에 방문했던 곳은 물론, 피그미 하마가 좋아할 만한 습지까지 샅샅이 살폈지요. 하지만 피그미 하마의 발자국 하나도 보이지 않았습니다.
그래도 숀부르크는 포기하지 않고 1913년, 다시 피그미하마를 찾기 위한 세

번째 탐험길에 올랐습니다. 그리고 이 세 번째 탐험에서 숀부르크는 드디어 피그미 하마를 발견하고 생포하는 데 성공했어요!

 피그미 하마는 하마보다 작고 땅딸막한 모습이었으며, 숲의 습기 있는 곳에 사는 야생 하마였지요.

 숀부르크는 피그미 하마를 유럽으로 옮겨 갔습니다. 이렇게 실제 피그미 하마를 보여 준 뒤에야 숀부르크는 학자들로부터 피그미 하마의 존재를 겨우 인정 받았답니다.

미래를 위해 생각해요 ①

고래

플라스틱 쓰레기를 삼키고 괴로워하고 있습니다.

바다에 많은 양의 플라스틱 쓰레기가 버려지고 있습니다. 이런 플라스틱을 고래가 삼키면 몸에서 배출할 수가 없어서, 위장이 플라스틱으로 가득 차서 굶어 죽는 경우가 많습니다.

돌고래

잠수함 음파에 방해를 받아 방향을 감지하지 못합니다.

잠수함은 음파를 이용해 주변 상태를 살피면서 바닷속을 나아갑니다. 여기서 발생하는 초저주파의 음파가 돌고래의 방향 감각에 혼란을 주거나, 머릿속을 다치게 하기도 합니다. 그 결과 돌고래의 행동이 이상해지고 해변에 많은 수의 돌고래가 밀려오는 경우가 있습니다.

사람 때문에 눈물을 흘리는 생물들이 있습니다.
우리가 쾌적하게 살기 위해 했던 일들이 생물들에게
심각한 해를 끼치는 경우를 살펴보아요.

철새

풍력 발전기에 부딪히는 경우가 있습니다.

새는 가까이서 빨리 움직이는 것을 잘 볼 수 없습니다. 그래서 풍력 발전기가 돌아가는 것을 미처 깨닫지 못하고, 그곳에 부딪히는 경우가 있습니다. 기록에 따르면 연간 1200마리가 이렇게 부딪힌다고 합니다.

수마트라오랑우탄

살아가던 터전을 빼앗겼습니다.

동남아시아의 수마트라 섬은 팜유를 생산하기 위해 숲을 개간하여 농지를 늘리고 있습니다. 이러한 환경의 변화 때문에 오랑우탄이 보금자리를 잃고 멸종 위기에 처했습니다.

이렇게나 커다란 영향을 받고 있었다니….

미래를 위해 생각해요 ②

푸른바다거북

번식하지 못할 수도 있습니다.

푸른바다거북의 알은 산란 장소인 바닷가의 수온이 높으면 암컷, 수온이 낮으면 수컷이 태어납니다. 온난화가 진행되면 암컷이 수컷보다 많아져, 번식하지 못할지도 모릅니다.

코알라

목이 바짝 말라 갑니다.

코알라는 유칼립투스의 잎을 먹으며 수분을 섭취합니다. 하지만 오스트레일리아에서 가뭄이 계속되어 유칼립투스가 시들어 버리자, 코알라들이 죽어 가고 있습니다.

환경을 망치는 나의 습관을 돌아보고, 당장 고쳐 보자!

온실 가스 배출 등 사람의 활동으로 지구의 기온이 오르고 있습니다.
'지구 온난화' 현상으로 지구 곳곳의 환경이 파괴되면서,
생물들에게 심각한 영향을 미치고 있어요.

북극곰

빙하가 녹아서 사냥을 하지 못합니다.

북극곰은 빙하 위에서 사냥을 합니다. 하지만 여름에 빙하가 많이 녹으면서 북극곰이 사냥을 하기 어려워지고 있습니다. 그래서 몸이 약해지거나 새끼를 키울 수 없는 경우가 많습니다.

호랑이

살던 숲이 가라앉을지도 모릅니다.

방글라데시의 맹그로브 숲에 멸종 위기에 처한 호랑이가 있습니다. 해수면이 조금씩 상승하여 맹그로브 숲이 가라앉는 중이라고 해요.

색인

이 책에 등장한 생물의 이름입니다.
종류별로 나누어 가나다 순으로 정리했습니다.

포유류

고래 ················· 168
글립토돈 ············· 102
남방큰돌고래 ··········· 15
느림보곰 ············· 138
대왕판다 ·············· 22
데이노테리움 ·········· 95
돌고래 ··············· 168
땅돼지 ················ 21
말코손바닥사슴 ········ 60
멧밭쥐 ················ 24
벌거숭이 두더지쥐 ···· 138
북극곰 ··············· 171
사람 ·················· 63
사이가산양 ············ 14
수마트라오랑우탄 ····· 169

아이아이원숭이 ····· 34, 88
염소 ·················· 75
오리너구리 ············ 73
인드리여우원숭이 ····· 88
일본원숭이 ············ 16
점박이물범 ············ 28
참거두고래 ············ 55
코알라 ··············· 170
호랑이 ··············· 171
흡혈박쥐 ·············· 66

조류

디아트리마 ·········· 103
벌매 ·················· 50
벌새 ·················· 54

슴새 ································· 37
철새 ································· 169
턱끈펭귄 ···························· 70
파랑새 ······························ 88
홍학 ································· 12
회색머리지빠귀 ···················· 20

파충류 양서류

남생이 ······························ 138
도마뱀 ······························ 65
돼지코개구리 ······················ 26
디플로도쿠스 ······················ 94
메갈로사우루스 ···················· 106
메리리버거북 ······················ 68
비단뱀 ······························ 74
오비랍토르 ························· 92
이구아노돈 ························· 107
캐롤라이나 다이아몬드백
테라핀 콘센트릭 ·················· 118
트리케라톱스 ······················ 96
티라노사우루스 ···················· 100
푸른바다거북 ······················ 170
프테라노돈 ························· 104
후타바사우루스 ···················· 98

어류

그린란드상어 ······················ 13
독사물고기 ························· 50
붉은쏨뱅이 ························· 88
뱀장어 ······························ 69
사우스이스트아시안
블랙스트라이프 도티백 ·········· 118
정어리 ······························ 27
칠성장어 ···························· 88
통안어 ······························ 56
폐어 ································· 72

곤충류

가노우모빅쿠리미토키하니도빅
쿠리사사키리모도키 ············· 118
곰개미 ······························ 19
류우큐우쥬우산호시오오기노코
무시 ································· 118
물자라 ······························ 36
흰개미 ······························ 32

연체동물

개량조개 ···························· 138

문어다리 오징어 ·················· 50
아이슬란드조개 ················ 18
오징어 ····························· 62
주꾸미 ····························· 33

식물

게박쥐나물 ······················ 50
겨우살이 ························· 125
구렁내덩굴 ······················ 138
금어초 ····························· 129
라플레시아 ······················ 126
류규노오토히메노모토유이노
키리하즈시(거머리말) ········· 118
뱅크시아 ························· 124
은방울꽃 ························· 128
파리지옥 ························· 122

그 밖의 생물

가재 ································ 59
갈색과부거미 ··················· 25
사각해삼 ························· 64
오파비니아 ······················ 99
완보동물 ························· 30
주름송편게 ······················ 50
키로넥스 플레커리 ············ 31
플라나리아 ······················ 58

글 고자키 유

어린이 교양서 전문 작가. 1960년 도쿄에서 태어났다. 괴수 영화를 즐겨 보며 미확인 생물을 좋아한다.
우리나라에서 출간된 주요 저서는 『난 억울해요!』 『난 진짜예요!』 『나도 모르게 자꾸만 하고 싶어!』 등이 있다.

그림 우치야마 다이스케

프리랜서 일러스트레이터. 요코하마에서 태어났다. 일본에서 다양한 생태 도감에 그림을 그려 왔다.
『눈물이 찔끔 나는 생물 도감』이 우리나라에 처음 소개되는 그의 참여 작품이다.

감수 이마이즈미 다다아키

동물학자이자 문필가. 도쿄에서 태어나 도쿄해양대학을 졸업하고 일본 국립과학박물관에서
포유류 분류학과 생태학을 연구했다. 도쿄동물원협회 평의원, 일본 동물과학연구소 소장,
고양이 박물관 관장을 역임한 한편, 꾸준히 저술 활동을 펼치고 있다. 우리나라에서 출간된 주요 도서는
『이유가 있어서 멸종했습니다』(감수), 『어쩌다 보니 살아남았습니다』(집필) 등이 있다.

옮김 장현주

전문 번역가. 인천대학교 일어일문학과를 졸업하고 일본 문학을 더 깊이 연구하고자 일본에 건너가
일본분교 대학과 대학원에서 공부한 뒤 석사 학위를 받았다. 옮긴 책으로는 『도련님』 『엉덩이 날씨』
『끙끙끙, 다른 그림 찾기』 등이 있다.

눈물이 찔끔 나는 생물 도감

초판 1쇄 발행 2021년 12월 6일
초판 2쇄 발행 2022년 11월 15일

감수 이마이즈미 다다아키 **글** 고자키 유, 다구치 마사오, 우사와 미치
그림 우치야마 다이스케, 호리에 아쓰시, 호리구치 준이치로, 미야오 가즈타카, 이시카와 도모코
옮긴이 장현주 **펴낸곳** 보랏빛소 **펴낸이** 김철원 **책임편집** 김이슬 **디자인** 진선미 **마케팅·홍보** 이태훈

출판신고 2014년 11월 26일 제2015-000327호 **주소** 서울시 마포구 포은로 81-1 에스빌딩 201호
대표전화·팩시밀리 070-8668-8802 (F)02-323-8803 **이메일** boracow8800@gmail.com

ISBN 979-11-90867-59-7 (74470)

Original Title : ほろっと泣けるいきもの図鑑

Horotto Nakeru Ikimono Zukan
© Gakken
First published in Japan 2018 by Gakken Plus Co., Ltd., Tokyo
Korean translation rights arranged with Gakken Plus Co., Ltd.
through BC Agency

• 이 책의 한국어판 저작권은 비씨에이전시(BC Agency)를 통한 저작권사와의 독점 계약으로 보랏빛소가 소유합니다.
• 신 저작권법에 의하여 한국 내에서 보호를 받는 저작물이므로 무단전재와 무단복제를 금합니다.